Kirche wie damals

schlicht, authentisch, christozentrisch

Alexander Basnar

Krumau am Kamp 2024

Bibliografische Information der Deutschen Nationalbibliothek: Die Deutsche Nationalbibliothek verzeichnet diese Publikation in der Deutschen Nationalbibliografie; detaillierte bibliografische Daten sind im Internet über www.dnb.de abrufbar.

Kirche wie damals – schlicht, authentisch, christozentrisch

https://cgkrumau.blog/

Titelbild: eigene Bilder aus Carnuntum

Alle Bibelzitate NT nach der Schlachter 2000 (Genfer Bibelgesellschaft), AT aus der Septuaginta Deutsch (Deutsche Bibelgesellschaft), ausgenommen im Kapitel „Paulus ist verwirrt". Kirchenvätertexte von der „Bibliothek der Kirchenväter": https://bkv.unifr.ch/

Verlag: BoD · Books on Demand GmbH, In de Tarpen 42, 22848 Norderstedt
Druck: Libri Plureos GmbH, Friedensallee 273, 22763 Hamburg
ISBN: 978-3-7693-2047-3

Inhalt

Anmerkungen:

Die Begriffe „Kirche" und „Gemeinde" verwende ich weitestgehend austauschbar, weil beide korrekt das bezeichnen, was im Neuen Testament gemeint ist. „Kirche" (von kyriake) bedeutet, dem Herrn zugehörig, und Gemeinde (griech: ekklesia) ist die (aus der Welt) herausgerufene Versammlung des Volkes Gottes. „Kirche" bezieht sich in diesem Buch fallweise auch ausschließlich auf die verfassten kirchlichen Institutionen.

Die Ausgangslage

Die Kirche Jesu Christi ist in einem schlimmen Zustand, und damit verfehlt sie ihren Auftrag, in dieser Welt für alle Menschen ein eindeutiges und klares Zeugnis vom Herrn Jesus Christus und Seinem Reich zu geben. Sie ist auf mehreren Ebenen gespalten: Zum einen in zahlreiche (buchstäblich 10.000e) Einzelkirchen und Denominationen, zum anderen ist jede dieser Gemeinschaften in progressive und konservative Flügel zerrissen, mit verschiedenen Abstufungen. Nicht wenige dieser Kirchen behaupten von sich, die eine wahre Kirche zu sein, allen voran die römisch-katholische Kirche mit einem gewissen historischen Anspruch, andererseits aber auch viele andere Kirchen mit einem theologisch-dogmatischen Anspruch. Andererseits gibt es selbst in diesen auch viele, die jeden Wahrheitsanspruch fahren gelassen haben und am liebsten die ganze Welt in einem Allerweltshumanismus umarmen würden und jeder Religion den gleichen Wert zusprechen – allen voran der gegenwärtige Papst Franziskus, sehr zum Ärger der konservativen Bischöfe. Es ist beschämend, es ist tragisch, es ist vor allem für die Menschen, die der Erlösung bedürfen, ein echtes Drama. Gibt es eine Lösung dieser Situation?

Dazu muss man diese Spaltungen erst verstehen, und das ist gar nicht so einfach. Ich beginne mit einem Gedankenexperiment, ausgehend von einem Auftrag, den Paulus an seinen Schüler Timotheus gegeben hat:

„Was du von mir gehört hast vor vielen Zeugen, das vertraue treuen Menschen an, die fähig sein werden, auch andere zu lehren.“ (2. Timotheus 2,2).

Das, was die Apostel gelehrt haben, soll treu und unverändert von einer Generation zur Nächsten weitergegeben werden. Soweit die Zielvorgabe.

Wie gut gelingt das realistischerweise? Mehr oder weniger mangelhaft, denn irgendwann wird etwas vergessen, ein anderes Mal etwas missverstanden, dann ergeben sich Fragen, die die Apostel nicht angesprochen haben, und in der Umwelt tauchen Ideen und Weltanschauungen auf, die in die Gemeinden eindringen wollen. Angenommen, es gelänge jeder Generation, 99% der Lehre und Praxis der Apostel an die nächste weiterzugeben, so würden wir zurecht sagen, dass das „sehr gut" ist! Aber was bedeutet das im Verlauf der Zeit bis heute, wenn eine Generation im Schnitt 30 Jahre umfasst? In 2000 Jahren sind das 66 Generationen, und die Abweichung von 1% pro Generation schwillt auf 48,5% an.[1] Knapp die Hälfte dessen, was die Apostel ihren Nachfolgern anvertraut haben, wäre so verloren. Und da geht es nur um die Quantität, nicht darum, wie sehr zentrale Inhalte betroffen sind.

Man kann das mit einem Schiff vergleichen, dass jahrelang über den Ozean fährt. Mit der Zeit siedeln sich am Rumpf Algen, Muscheln und Seepocken an, welche die Fahrt verlangsamen und den Treibstoffverbrauch erhöhen. Das verursacht jährliche wirtschaftliche Schäden in Milliardenhöhe! Darum muss dieser immer wieder einer gründlichen Reinigung unterzogen werden. Sollte das „Schiff Christi" weniger gut gewartet werden als ein Hochseeschiff?

Ein anderes Gedankenexperiment: Würden die Lehre und Praxis der Kirche jedes Jahr auf einen Prüfstand gestellt, wie wir unsere Autos zum TÜV bringen, könnte man solche Abweichungen bei gewissenhafter Untersuchung erkennen und berichtigen. Was würden wir von einer Fachwerk-

---

[1] Die 1% rechnen sich mit jeder Generation von einem kleineren Ausgangswert, darum sind es nicht 66% Abweichung. Aber es ist nur eine Veranschaulichung des Problems, wirklich quantifizieren kann man es nicht.

stätte halten, der irgendwann einmal die Bedeutung der Kupplung ganz wichtig geworden ist, und seither bei der Fahrzeugüberprüfung nur mehr die Kupplung kontrolliert? Kupplung gut, alles gut? Die andere Fachwerkstätte kontrolliert nur die Bremsen. Eine weitere nur die Abgaswerte, und so weiter. Das ist tatsächlich so gekommen, denn praktisch jedes Mal, wenn einem „Reformator" eine Abweichung vom Ursprung auffiel, betraf das in seiner Wahrnehmung meist nur ein Detail: Die Lehre von der Rechtfertigung, das rechte Sakramentsverständnis, die Kirchenordnung, die Endzeitlehren, die Geistesgaben usw. Entweder hat die Hauptkirche (in der Regel die katholische) deren „Prüfbericht" angenommen, was tatsächlich selten geschah, oder die Reformatoren wurden ausgeschlossen bzw. spalteten sich ab und gründeten eigene Kirchen. Und weil diese dann wieder meinten, die Kirche „völlig" reformiert zu haben, obwohl es meist nur eine Teilfrage betraf, erwiesen sich diese reformierten Kirchen in der weiteren Geschichte als äußerst reformunwillig. Zahllose weitere Spaltungen waren die Folge. Wo aber gibt es noch Fachwerkstätten, in denen das ganze Fahrzeug überprüft wird?

Man könnte noch über die „Automarke" philosophieren. Es gibt Fahrer, die schwören auf Mercedes, und solange sie den Stern sehen, sind sie zufrieden. Stellen wir uns aber vor, der Stern sei das einzige rostfreie Teil an dem Vehikel, die Bremsbeläge wären abgefahren, die Stoßdämpfer hinüber und im Motor funktionieren bei gutem Wetter nur noch zwei Zylinder. So stellt sich so manche selbstbewusste Kirche dar, wenn man sie biblisch betrachtet. Ja, die Marke stimmt vielleicht, aber der Rest ist Schrott! Warum nicht auf einen Skoda wechseln, der servicegepflegt ist und zuverlässig funktioniert? Alle wesentlichen Elemente eines Autos gibt es auch da: Vier Räder, eine Lenkung, einen Motor, usw. Kann man die

„Wahre Kirche" tatsächlich nur an der Marke festmachen, oder sollte man nicht zuerst die Funktionen prüfen?

Jedes Auto hat eine Bedienungsanleitung und ein Servicehandbuch, anhand dessen der Mechaniker das Fahrzeug Schritt für Schritt überprüft, damit er nichts übersieht; für die Kirche ist die Bibel das Servicehandbuch, anhand dessen wir den Zustand und „Reparaturbedarf" der Gemeinde Christi bestimmen können, sollen und regelmäßig müssen, um die beschriebenen schleichenden Veränderungen korrigieren zu können. Das wurde in den letzten 2.000 Jahren größtenteils unterlassen.

Als Titel des Buches wählte ich deshalb „Kirche wie damals", weil es – wie wir sehen werden – offenbar der Wille Christi war und ist, dass Lehre und Praxis Seiner Kirche bis zu Seiner Wiederkunft unverändert bleiben. Als Untertitel wählte ich die drei Schlagwörter: schlicht, authentisch, christozentrisch.

Schlicht: Es muss einfach gehalten sein, denn Christus hat einfache Leute in Seine Nachfolge berufen und die Theologen und Schriftgelehrten in aller Regel scharf zurückgewiesen. Gemeinde soll überall entstehen können, wo Menschen zum Glauben kommen und gemeinsam die Bibel lesen. Die Beschreibung biblischer Gemeinde ist leicht zu verstehen, wenn man nicht durch festgefahrene kirchliche Traditionen einen getrübten Blick hat. Zugleich ist es an jedem Ort und zu jeder Zeit einfach zu verwirklichen, auch von ungebildeten Leuten.

Authentisch: Es geht um einen ehrlichen und geradlinigen Glauben, der sich im Leben der einzelnen Christen zeigt, nicht um Gebäude und Institutionen, so prunkvoll sie sein mögen, innen aber hohl sind. Gerade in kleinen Hausgemeinschaften (wie es die ersten Gemeinden waren), lernt man, die Masken abzulegen und einander zu sehen, anzunehmen und zu ertragen wie man ist. In diesem Rahmen kann die Liebe aufblühen und ist dann mehr als eine religiöse Floskel.

Christozentrisch: Der Herr Jesus muss im Zentrum stehen, Ihm müssen die Aufmerksamkeit, Treue und Anbetung aller Christen gelten. Steht Er nicht im Zentrum, tritt etwas anderes an Seine Stelle: die Kirchenorganisation, eine bestimmte Lehrbetonung, Zeichen und Wunder, das Halten der Gebote, das soziale Engagement oder anderes. Steht Christus im Zentrum, wachsen wir in all diesen Stücken in gesunder Weise. Steht jedoch das andere im Zentrum, verlieren wir sowohl Ihn als auch andere Aspekte des Glaubens, der Lehre und der Praxis der Apostel aus den Augen; es wird unausgewogen, ungesund und sektiererisch.

Die Frage, wie es denn wirklich am Anfang war, wird zu selten gestellt, da es den meisten Kirchen doch eher darum geht, sich selbst in ihrem aktuellen Zustand zu rechtfertigen. So kommen wir aber nicht weiter und auch nicht näher zueinander. Eine „Ökumene", die auf der gegenseitigen Anerkennung der Summe aller Abweichungen in den diversen Kirchen gründet, ist eine Ökumene der Untreue, der Geschichtsvergessenheit, des Relativismus. Mit nichts davon kann das Haupt der Gemeinde wirklich zufrieden sein. Darum will ich einen anderen Weg vorschlagen, einen Weg von den Verästelungen des Kirchenbaumes hinunter zum Stamm und zu den Wurzeln, dorthin, wo es keine trennenden Äste und Zweige gibt und Christus alles und in allen ist.

Ich mache bewusst keine Werbung für eine bestimmte Gemeindebewegung, da jede Konfession ihre Muscheln am Bug und ihre Roststellen hat. Ich sage auch nicht, dass man die Gemeinde oder Kirche, in der man ist, verlassen soll. Das kommt ganz darauf an, wie „fahrtüchtig" sie noch ist, wie sehr sie sich etwas sagen lässt, oder ob man im Rahmen von Kleingruppen und Hauskreisen beginnen kann, die Dinge zu verwirklichen, welche „Kirche wie damals" ausmachen.

Ich will aber auch nicht verhehlen, dass ich wesentliche Impulse aus der Täuferbewegung, die vor 500 Jahren in Zürich begonnen hat, übernommen habe, denn diese waren unter den Reformatoren so ziemlich die einzige Richtung, die genau diese Frage nach dem Wesen und der Praxis der ersten Kirche gestellt haben. Mit einigen dieser Gemeinden sind wir auch freundschaftlich eng verbunden. Wir sind an keine ihrer Traditionen gebunden, sind durch die Bibel aber zu weitgehend identen Anwendungen gekommen. Doch auch andere Bewegungen der Kirchengeschichte imponieren mir, wie Paulus schreibt:

„So rühme sich nun niemand irgendwelcher Menschen; denn alles gehört euch: es sei Paulus oder Apollos oder Kephas oder die Welt, das Leben oder der Tod, das Gegenwärtige oder das Zukünftige – alles gehört euch; ihr aber gehört Christus an, Christus aber gehört Gott an." (1. Korinther 3,21-23).

Meine persönliche Erfahrung ist die: Je mehr Christus bei mir ins Zentrum kam und ich dadurch einen zunehmend ausgewogeneren Zugang zu den verschiedenen Bereichen von Lehre, Kirchengeschichte und Praxis bekam, desto mehr Überschneidungen zu Christen verschiedenster Konfessionen fand ich, denn in aller Regel findet sich das, was in ihrer Bewegung (aufgrund der neuen Entdeckung und der Abgrenzung von anderen) oft überbetont wird, auch in der ersten Kirche in einem gesunden Maß wieder, seien es Geistesgaben, das Verhältnis von Glauben und Gehorsam, Sakramente (besonders, dass die Taufe das „Bad der Wiedergeburt" ist),

Armenfürsorge u.v.a.m. … Gehen wir von den Verzweigungen zu den Wurzeln hinunter, kommen wir uns auch wieder näher, auch wenn es bedeutet, lieb gewordene falsche Traditionen, theologische Fehlschlüsse, historische Missverständnisse und auch kulturelle Prägungen abzulegen. Jeder hat ein Unbehagen, wenn er das Auto zum Service bringt. Und doch fährt jeder mit einem noch größeren Unbehagen, wenn er dies jahrelang unterlässt.

Diesem Buch liegt ein weitaus umfangreicheres Buch zugrunde, das ich vor mehreren Jahren geschrieben habe: *„Die vollkommene Gemeinde mit (un)vollkommenen Menschen"* (2019).[2] Die Gedanken dazu sammelte ich in den Jahren seit 2005, als ich begann, die Tragweite des Themas mehr und mehr zu begreifen. Den Anstoß dazu gab mir ein bahnbrechendes Buch von David Bercot: „Will the Real Heretics Please Stand Up" (zu deutsch: „Zurück zum Start"), in dem er die modernen evangelikalen Freikirchen mit der frühen Kirche verglich. Durch ihn lernte ich den Wert der frühkirchlichen Schriften (der ersten Generationen nach den Aposteln) kennen, die mir eine wesentliche Hilfe zum Verständnis der Bibel geworden sind. So kommen sie auch in diesem Buch reichlich zu Wort; am Ende eines Themenabschnitts rufe ich sie in den Zeugenstand, damit wir aus ihren eigenen Worten das hören, was ich zuvor aus der Bibel dargelegt habe.

Dieses Buch mag eine Wirkung haben ähnlich dem, was Gott dem Propheten Jeremia auftrug; für den einen oder anderen Leser mag kein Stein auf dem anderen bleiben:

---

[2] https://buchshop.bod.de/die-vollkommene-gemeinde-alexander-basnar-9783746024226

"Siehe, ich habe dich heute eingesetzt über Völker und über Königreiche, um zu entwurzeln und einzureißen und zu zerstören und wieder aufzubauen und zu bepflanzen." (Jeremia 1,10).

Oft muss man erst etwas abreißen, um es neu wieder aufbauen zu können. Wer die Kirche erneuern will, wird sich vor der Abrissbirne nicht fürchten, denn er blickt auf den Neubau, dessen Statik stimmt, durch dessen Dach es nicht mehr tropft, der einen hervorragenden Wohnkomfort bieten wird für die kommenden Generationen, die das Haus bewohnen werden.

Es werden Fragen offen bleiben, weil ich dieses Buch absichtlich kurz halten wollte. Die beiden oben genannten Bücher führen tiefer in die Materie, sowie andere Bücher, die ich über Books on Demand veröffentlicht habe.[3] Bedenken wir aber, was Salomo sagte:

"Mein Sohn, hüte dich, viele Bücher zu machen! Es gibt kein Ende. Und viel Studieren bedeutet eine Ermüdung des Fleisches." (Prediger 12,12).

Lasst uns daher rasch sein, das Erkannte umzusetzen, denn erst im Tun versteht man Gottes Wort richtig!

Um in das Thema einzuführen, will ich mit einer verwirrenden Situation beginnen:

---

[3] https://buchshop.bod.de/catalogsearch/result/index/?p=2&q=Basnar

Paulus ist verwirrt

Stellen wir uns vor, der Apostel der Heiden, Paulus, wäre vom Herrn in unsere Zeit und Kultur entrückt worden. Er findet sich in einer unserer Städte wieder, und sichtlich verwirrt versucht er, sich in der neuen Umgebung zu orientieren. Da sieht er auf einem der Plätze ein Gebäude, das anders ist als alle anderen: Es hat ein auffallend großes Tor, große, zum Himmel strebende Fenster mit buntem Glas, einen hohen Turm und darauf ein Kreuz, welches ihm seltsam vertraut vorkommt. Er nähert sich diesem Haus, es ist Gründonnerstag. Aus dem Inneren hört er Orgelmusik. Er öffnet die Türe und betritt eine große Halle, geschmückt mit Bildern und Statuen. Auf den Bänken sitzen verstreut, mit größtmöglichem Abstand zueinander, fünfzehn bis zwanzig Personen, die einer eigenartigen Vorführung beiwohnen. Die Orgel begleitet ein Lied, aber der Gesang ist sehr verhalten. Vorne steht ein Mann in seltsamer Gewandung, Weihrauch liegt in der Luft. Das überlebensgroße Bild einer Frau, die gekrönt wird, ragt hinter einem Steintisch bis fast zum Dach der Halle empor. Paulus geht den Mittelgang nach vorne und setzt sich auf einen Platz in den vordersten leeren Reihen, um zu sehen, was das bedeuten soll.

Ein Mann tritt zu einem Rednerpult und setzt sich die Brille auf: *„Wir hören nun die Lesung aus dem Buch Exodus, aus dem 12. Kapitel."*

Paulus ist überrascht. Hier werden die Heiligen Schriften gelesen! Ist das eine Synagoge? Nein, in Synagogen gibt es doch keinen Bilderschmuck, und wer die Frau auf dem großen Bild sein soll, weiß er auch nicht. Er blickt sich um. Da ist kein siebenarmiger Leuchter zu sehen. Die Männer tragen keine Kippa. Es ist alles sehr rätselhaft, aber der gelesene Text ist ihm vertraut.

„Und der Herr redete zu Mose und Aaron im Land Ägypten und sprach: Dieser Monat soll euch der Anfang der Monate sein, er soll für euch der erste Monat des Jahres sein. Redet zu der ganzen Gemeinde Israels und sprecht: Am zehnten Tag dieses Monats nehme sich jeder Hausvater ein Lamm, ein Lamm für jedes Haus; wenn aber das Haus zu klein ist für ein Lamm, so nehme er es gemeinsam mit seinem Nachbarn, der am nächsten bei seinem Haus wohnt, nach der Zahl der Seelen; dabei sollt ihr die Anzahl für das Lamm berechnen, je nachdem jeder zu essen vermag. Dieses Lamm aber soll makellos sein, männlich und einjährig. Von den Schafen oder Ziegen sollt ihr es nehmen, und ihr sollt es aufbewahren bis zum vierzehnten Tag dieses Monats. Und die ganze Versammlung der Gemeinde Israels soll es zur Abendzeit schächten. Und sie sollen von dem Blut nehmen und damit beide Türpfosten und die Oberschwellen der Häuser bestreichen, in denen sie essen. Und sie sollen das Fleisch in derselben Nacht essen: am Feuer gebraten, mit ungesäuertem Brot; mit bitteren Kräutern sollen sie es essen. Ihr sollt nichts davon roh essen, auch nicht im Wasser gekocht, sondern am Feuer gebraten, sein Haupt samt seinen Schenkeln und den inneren Teilen; und ihr sollt nichts davon übriglassen bis zum anderen Morgen. Wenn aber etwas davon übrigbleibt bis zum Morgen, so sollt ihr es mit Feuer verbrennen. So sollt ihr es aber essen: eure Lenden umgürtet, eure Schuhe an euren Füßen und eure Stäbe in euren Händen, und in Eile sollt ihr es essen; es ist das Passah des Herrn.

Denn ich will in dieser Nacht durch das Land Ägypten gehen und alle Erstgeburt im Land Ägypten schlagen, vom Menschen bis zum Vieh, und ich will an allen Göttern der Ägypter ein Strafgericht vollziehen, ich, der Herr. Und das Blut soll euch zum Zeichen dienen an euren Häusern, in denen ihr seid. Und wenn ich das Blut sehe, dann werde ich verschonend an euch vorübergehen; und es wird euch keine Plage zu eurem Verderben treffen, wenn ich das Land Ägypten schlagen werde.

Und dieser Tag soll euch zum Gedenken sein, und ihr sollt ihn feiern als ein Fest des Herrn bei euren künftigen Geschlechtern; als ewige Ordnung sollt ihr ihn feiern. (Exodus 12,1-14)

Wort des lebendigen Gottes."

Er will gerade *„Amen!"* sagen, da hört er, wie die kleine Schar der Versammelten im Chor sagt: *„Dank sei Gott!"* *„Auch gut"*, denkt sich Paulus, *„das ist würdig."* Doch dann schweifen seine Gedanken ab. Von seiner Kindheit an war die Passahfeier der jährliche Höhepunkt im Familienleben. Da pilgerten sie nach Jerusalem, um als gesetzestreue Juden ein Lamm zu opfern und dann gemeinsam zu verspeisen, um sich an den Auszug aus Ägypten zu erinnern. Doch wie groß war die Freude des Apostels, als er erkennen durfte, dass Jesus Christus das wahre Lamm Gottes ist, welches aus einer ganz anderen Knechtschaft befreit, nämlich der des Todes, der Sünde und des Teufels! Welch ein Jubel! Aber warum wird das hier mit einer Grabesstille zur Kenntnis genommen? Haben die Menschen hier nicht begriffen, was in diesem Text ausgesagt wird und wie es sich erfüllt hat? Mit ernster Miene schauen die Zuschauer zum Lesepult.

Es folgt eine zweite Lesung. Diesmal geht eine Frau nach vorne: *„Wir hören die Lesung aus dem Brief des heiligen Apostels Paulus an die Gemeinde in Korinth, aus dem 11. Kapitel …"*

Paulus zuckt zusammen: *„Die lesen einen Brief von mir? Hier, in dieser seltsamen Halle? Und warum nennen die mich **heiliger** Apostel Paulus? Es sind doch **alle** Christen Heilige, und ich bin nichts Besonderes, außer, dass ich der größte aller Sünder war! Ich habe doch die Gemeinde Gottes verfolgt, ehe Gott mir Barmherzigkeit erwiesen hat …"* Gespannt hört der Apostel zu, was nun vorgelesen wird.

„Wenn ihr nun am selben Ort zusammenkommt, so geschieht das doch nicht, um das Mahl des Herrn zu essen; denn jeder nimmt beim Essen sein eigenes Mahl vorweg, so dass der eine hungrig, der andere betrunken ist. Habt ihr denn keine Häuser, wo ihr essen und trinken könnt? Oder verachtet ihr die Gemeinde Gottes und beschämt die, welche nichts haben? Was soll ich euch sagen? Soll ich euch etwa loben? Dafür lobe ich euch nicht!

Denn ich habe von dem Herrn empfangen, was ich auch euch überliefert habe, nämlich dass der Herr Jesus in der Nacht, als er verraten wurde, Brot nahm, und dankte, es brach und sprach: Nehmt, esst! Das ist mein Leib, der für euch gebrochen wird; dies tut zu meinem Gedächtnis! Desgleichen auch den Kelch, nach dem Mahl, indem er sprach: Dieser Kelch ist der neue Bund in meinem Blut; dies tut, so oft ihr ihn trinkt, zu meinem Gedächtnis! Denn so oft ihr dieses Brot esst und diesen Kelch trinkt, verkündigt ihr den Tod des Herrn, bis er kommt.

Wer also unwürdig dieses Brot isst oder den Kelch des Herrn trinkt, der ist schuldig am Leib und Blut des Herrn. Der Mensch prüfe aber sich selbst, und so soll er von dem Brot essen und aus dem Kelch trinken; denn wer unwürdig isst und trinkt, der isst und trinkt sich selbst ein Gericht, weil er den Leib des Herrn nicht unterscheidet. Deshalb sind unter euch viele Schwache und Kranke, und eine beträchtliche Zahl sind entschlafen.

Denn wenn wir uns selbst richteten, würden wir nicht gerichtet werden; wenn wir aber gerichtet werden, so werden wir vom Herrn gezüchtigt, damit wir nicht samt der Welt verurteilt werden. Darum, meine Brüder, wenn ihr zum Essen zusammenkommt, so wartet aufeinander! Wenn aber jemand hungrig ist, so esse er daheim, damit ihr nicht zum Gericht zusammenkommt. Das übrige will ich anordnen, sobald ich komme. (1. Korinther 11,20-34).

Wort des lebendigen Gottes."

Die wenigen Versammelten antworten im Chor: *„Dank sei Gott!"*

Paulus kann sich noch gut erinnern, wie unheilig sich die heiligen Korinther bisweilen benommen haben. Da kamen sie abends zur gemeinsamen Mahlzeit zusammen, wo sie alles untereinander teilen und ein Fest feiern sollten zur Ehre ihres Erlösers, doch die wohlhabenderen Christen fingen schon früher zu schmausen an, während die Unfreien und Taglöhner erst später am Abend dazukamen. Da war das meiste schon verspeist worden, und die Weinkaraffen fast völlig geleert. Dieses selbstsüchtige und lieblose Verhalten musste er damals scharf zurechtweisen. Wie soll man in solch einer Uneinigkeit das Brot des Herrn brechen und von Seinem Kelch trinken im Gedenken an Seinen Tod am Kreuz? Hat die Liebe Christi denn keine Liebe in diesen Christen bewirkt?

Paulus sieht sich um: Will man hier, an diesem so völlig ungeeigneten Ort, denn nun solch eine christliche Festfeier halten? Wo ist der gedeckte Tisch? Wo ist der Wein? Wo sind die gemütlichen Sitzgelegenheiten? Warum halten alle Anwesenden größtmöglichen Abstand voneinander als kennten sie einander nicht?

Und war da nicht noch etwas? Hatte Paulus nicht unmittelbar davor (1. Korinther 11,2-16) geschrieben, dass Frauen in der Festversammlung ihren Kopf bedecken sollen?[4] Diese Frau tat das nicht. Und hatte er nicht ebenso klar geschrieben, dass Frauen nicht lehren sollen (1. Timotheus 2,12)? Aber gut, das ist offensichtlich keine Gemeinde Christi, aber was ist es dann? Paulus wird in seinen Gedanken unterbrochen, weil nun der ältere Mann in den besonderen Gewändern ans Pult tritt.

---

[4] Das war übrigens bis Mitte des 20. Jahrhunderts in allen Kirchen die Norm, auch dass Frauen nicht von vorne lesen oder vortragen durften.

Er küsst das Buch, bekreuzigt sich und beginnt singend einen Text aus dem Evangelium vorzutragen:

„Aus dem heiligen Evangelium nach Johannes:

Vor dem Passahfest aber, da Jesus wusste, dass seine Stunde gekommen war, aus dieser Welt zum Vater zu gehen: wie er die Seinen geliebt hatte, die in der Welt waren, so liebte er sie bis ans Ende.

Und während des Mahls, als schon der Teufel dem Judas, Simons Sohn, dem Ischariot, ins Herz gegeben hatte, ihn zu verraten, da Jesus wusste, dass ihm der Vater alles in die Hände gegeben hatte und dass er von Gott ausgegangen war und zu Gott hinging, stand er vom Mahl auf, legte sein Obergewand ab, nahm einen Schurz und umgürtete sich; darauf goss er Wasser in das Becken und fing an, den Jüngern die Füße zu waschen und sie mit dem Schurz zu trocknen, mit dem er umgürtet war.

Da kommt er zu Simon Petrus, und dieser spricht zu ihm: Herr, du wäschst mir die Füße? Jesus antwortete und sprach zu ihm: Was ich tue, verstehst du jetzt nicht; du wirst es aber danach erkennen. Petrus spricht zu ihm: Auf keinen Fall sollst du mir die Füße waschen! Jesus antwortete ihm: Wenn ich dich nicht wasche, so hast du keine Gemeinschaft mit mir. Simon Petrus spricht zu ihm: Herr, nicht nur meine Füße, sondern auch die Hände und das Haupt! Jesus spricht zu ihm: Wer gebadet ist, hat es nicht nötig, gewaschen zu werden, ausgenommen die Füße, sondern er ist ganz rein. Und ihr seid rein, aber nicht alle. Denn er kannte seinen Verräter; darum sagte er: Ihr seid nicht alle rein.

Nachdem er nun ihre Füße gewaschen und sein Obergewand angezogen hatte, setzte er sich wieder zu Tisch und sprach zu ihnen: Versteht ihr, was ich euch getan habe? Ihr nennt mich Meister und Herr und sagt es mit Recht; denn ich bin es auch. Wenn nun ich, der Herr und Meister, euch die Füße gewaschen habe, so sollt auch ihr einander die Füße waschen; denn ein Vorbild habe ich euch gegeben, damit auch ihr so handelt, wie ich an euch gehandelt habe.

Evangelium unseres Herrn Jesus Christus."[5]

„Lob sei Dir, Christus!" hallt es verhalten aus den Reihen hinter dem Apostel. Die große Halle verstärkt es aber durch einen beeindruckenden Hall, der ein Gefühl der Ehrfurcht hervorruft. Paulus bekommt eine leichte Gänsehaut.

Er freut sich, dass Johannes schließlich auch ein Evangelium geschrieben hat, aber er konnte es noch nicht lesen. Jahre zuvor wurde Paulus in Rom als Märtyrer hingerichtet, aber die Inhalte waren ihm aus persönlichen Begegnungen und Erzählungen freilich wohlbekannt. Dementsprechend aufmerksam hörte er zu. Ja so ist es: Wenn die Gemeinde nach einem Arbeitstag zur Festfeier zusammenkam, wusch man sich selbstverständlich die Füße, sie waren ja schmutzig. Neu war in der Gemeinde Christi aber, dass man *einander* die Füße wusch. Das war für manche ein großer Schritt der Selbstüberwindung, aber der gehörte zur „Pädagogik" des Herrn, der will, dass wir alle uns demütigen und einander dienen.

Tatsächlich fand nun etwas Ähnliches statt. Der Mann, der dieses Zusammenkommen offenbar leitete, lud nun alle nach vorne ein und wusch jedem Besucher einen Fuß – andeutungsweise, nicht besonders gründlich, eher im Sinne einer symbolischen Geste. So hat Paulus es noch nie gesehen, das macht ja gar keinen Sinn! Doch alle ließen es über sich ergehen, er

---

[5] Diese drei Lesungen sind tatsächlich so zusammengestellt in der Gründonnerstagsliturgie der Katholischen Kirche, Lesejahr A

selbst blieb abwartend sitzen und beobachtete es bloß. Schließlich, so dachte er bei sich selbst, gehöre er ja nicht wirklich dazu.

Es folgt eine Ansprache des Leiters, in der er aus den Lesungstexten einige Aspekte hervorhebt. Die Rede ist kurz, kaum 10 Minuten lang, sachlich richtig, aber ohne Appell, ohne praktische Anwendung, ohne Aufruf, das Leben zu ändern, um Christus ähnlicher zu werden. Er bemüht sich dafür um eine eigentümlich salbungsvolle Tonlage.

Paulus ahnt, dass es sich dabei um so etwas wie eine Predigt handeln könnte, aber warum so kurz und blutleer? Gut, er selbst war berüchtigt dafür, dass er das Wort Gottes bis über Mitternacht hinaus predigen konnte, und es ist nur ganz selten ein Zuhörer dabei eingeschlafen (vgl. Apostelgeschichte 20,7-9), aber er konnte sich auch kürzer fassen. Doch nicht einmal 10 Minuten? Das erscheint dem Apostel denn doch sehr wenig – aber vielleicht sollte es gar keine Predigt sein. Aber was sonst? Er findet keine Antwort darauf, doch da geht es bereits weiter im Programm.

Nach einem Lied und einer Art Wechselgesang zwischen dem Leiter und den versammelten Teilnehmern richtet sich die Aufmerksamkeit aller auf einen steinernen Tisch. Darauf steht ein goldener Kelch, abgedeckt mit einem Tuch und ein goldener Teller, auf dem weiße Plätzchen liegen. Der Leiter wiederholt die „Einsetzungsworte" zum Mahl des Herrn, die bereits in der zweiten Lesung vorkamen. Dann hebt er eines der Plätzchen in die Höhe, worauf von irgendwoher ein Klingelton zu hören ist.

„Geheimnis des Glaubens", sagt er dazu. Dann bricht er das Plätzchen in zwei Teile und die Teilnehmer dieser Veranstaltung stellen sich in einer Reihe vor dem Tisch auf. Der Leiter gibt jedem ein Plätzchen in die Hand und sagt dazu: *„Der Leib Christi, für dich gegeben."* Diese führen es schweigend

zum Mund und verzehren es. Dann nehmen alle wieder Platz und er allein trinkt den Kelch bis zur Neige aus. Daraufhin wischt er diesen mit dem Tuch aus und räumt den Tisch auf.

Sollte das das Brotbrechen gewesen sein? Wo war das Brot? Was waren das für Plätzchen? Warum tranken nicht alle vom Wein? Was war das jetzt wirklich? Paulus ist verwirrt, er kennt sich nicht aus. Manches wirkte vertraut, manches völlig fremd, und der Rahmen passte so gar nicht zu dem, was er als christliche Festversammlung kannte.

Kurz danach wird die Versammlung mit einem Segenswort verabschiedet, und alle verlassen schweigend die kalte, bunt bebilderte Halle und gehen nach Hause. Oder ins Wirtshaus.

Paulus kennt sich nicht aus (so stelle ich mir seinen Gesichtsausdruck vor).

Auch Paulus geht hinaus, doch als er die Türe durchschritten hat, findet er sich plötzlich in seiner Zeit wieder. Er geht über die staubigen Straßen von Ephesus zum Forum und denkt nach, was das wohl gewesen sein mag. Er erzählt niemandem davon. Doch er trifft Timotheus und schärft ihm ein:

„Was du von mir gehört hast vor vielen Zeugen, das vertraue treuen Menschen an, die fähig sein werden, auch andere zu lehren." (2. Timotheus 2,2).

Er ahnt schon, wie wichtig es ist, dafür Sorge zu tragen, dass der christliche Glaube und die christliche Praxis nicht verändert oder verfremdet werden. Es wird ein Kampf sein, wie auch der Bruder des Herrn, Judas, in seinem Brief schrieb:

„Geliebte, da es mir ein großes Anliegen ist, euch von dem gemeinsamen Heil zu schreiben, hielt ich es für notwendig, euch mit der Ermahnung zu schreiben, dass ihr für den Glauben kämpft, der den Heiligen ein für allemal überliefert worden ist." (Judas 1,3).

Paulus sah in diesem Gedankenexperiment einen typischen Gottesdienst, wie er heute landauf und landab „gefeiert" wird. Der Unterschied zu dem, was eine christliche Festversammlung anfangs ausmachte, ist so groß, dass Paulus nicht verstehen konnte, was hier vor sich ging. So wäre es ihm wohl tatsächlich ergangen, hätte sich diese erfundene Geschichte tatsächlich zugetragen.

Wie war es denn wirklich am Anfang? Wie war die Kirche damals? Und sollte sie heute nicht genau so sein? Diesen Fragen werden wir in den nächsten Kapiteln nachspüren.

Der ein für alle Mal überlieferte Glaube

Wenn Judas also geschrieben hat, wir müssten für den Glauben, der den Heiligen ein für alle Mal überliefert worden ist, kämpfen (Judas 1,3), dann haben wir ein heiß umkämpftes Thema vor uns. Worum geht es? Wer sind die Heiligen? Was ist der Glaube?

Wir sind es gewöhnt, solche Personen als „heilig" zu bezeichnen, die von der Kirche als Heilige „kanonisiert"[6] worden sind. Das sind solche, die einen anerkannt guten und frommen Lebenswandel führten und (idealerweise) auch nachweisbare Wunder vollbracht haben. Mit diesen Heiligsprechungen wird aber eine riesige Kluft zwischen den „normalen" Gläubigen und jenen geistlichen „Übermenschen" geschaffen, welche die Heilige Schrift so nicht kennt. Diese Form der Heiligsprechung entspricht nicht dem ein für alle Mal überlieferten Glauben. Sehen wir hier bereits etwas von der Bedeutung der Fragestellung?

Wer ist ein Heiliger? Jeder, der zum Volk Gottes gehört, wird in der Heiligen Schrift als Heiliger bezeichnet (1. Korinther 1,2), und zwar unabhängig davon, ob er in seinem Wandel dieser Stellung gut oder eher mangelhaft entspricht. Die Christen in Korinth werden als „berufene Heilige" angesprochen, und doch hatte gerade diese Gemeinde ernsthafte disziplinäre Probleme und Gemeindeglieder, deren man sich schämen müsste.

Was bedeutet „heilig"? Das griechische Wort dafür ist „hagios" (wie z.B. in „Hagia Sophia" = heilige Weisheit, die bekannte Kirche in Konstantinopel, welche von den Türken in eine Moschee umgewandelt wurde). Es kommt vom Wort „hagnos", welches rein, unschuldig, ehrwürdig oder tadellos

---

[6] D.h. sie wurden in eine offizielle Liste von Heiligen aufgenommen.

bedeutet. Eine weitere Wurzel des Wortes ist „hagos", und das bedeutet „geweiht" (zum Opfer oder für Gott). Fasst man das zusammen, sind Heilige für Gott geweiht und gelten als rein und tadellos vor Ihm. Wie kommt das, wo wir doch alle wissen, dass wir dieser Beschreibung eher nicht entsprechen? Wir alle haben doch gesündigt, wie Paulus sehr deutlich feststellt:

„Denn alle haben gesündigt und verfehlen die Herrlichkeit, die sie vor Gott haben sollten, ..." (Römer 3,23).

Das ist unser natürlicher Zustand, und darum erlangen wir die Herrlichkeit nicht, die Gott uns bereitet hat. Wir blieben vom Reich Gottes und dem ewigen Leben ausgeschlossen, hätte Gott uns nicht einen Ausweg geschaffen. Paulus setzt fort:

„... so dass sie ohne Verdienst gerechtfertigt werden durch seine Gnade aufgrund der Erlösung, die in Christus Jesus ist. Ihn hat Gott zum Sühnopfer bestimmt, das wirksam wird durch den Glauben an sein Blut, um seine Gerechtigkeit zu erweisen, weil er die Sünden ungestraft ließ, die zuvor geschehen waren, als Gott Zurückhaltung übte, um seine Gerechtigkeit in der jetzigen Zeit zu erweisen, damit er selbst gerecht sei und zugleich den rechtfertige, der aus dem Glauben an Jesus ist." (Römer 3,24-26).

Ohne unser Zutun, ohne eigene fromme Leistungen oder Verdienste will Gott uns Ungerechte gerecht sprechen. Wie das? Indem Er ein Sühnopfer leistete, als Sein Sohn für unsere Sünden am Kreuz gestorben und auferstanden ist. Damit dieses Opfer für uns wirksam wird und wir tatsächlich vor Gott als Gerechte stehen können, müssen wir an die Wirksamkeit Seines Blutes glauben. Wir müssen an Jesus Christus glauben.

Daran sehen wir, dass der ein für alle Mal überlieferte Glaube untrennbar damit verbunden ist, dass wir zu Heiligen gemacht worden sind. Gott hat uns heiliggesprochen; mit welchem Recht spricht dann die Kirche einzelne Menschen heilig und spricht damit de facto allen anderen Gläubigen die Heiligkeit ab? Für den ein für alle Mal überlieferten Glauben zu kämpfen, bedeutet also auch, diesem Missbrauch zu widersprechen und das anzunehmen, was Gott über jeden einzelnen sagt, der an Christus glaubt. Den Korinthern schrieb Paulus deshalb:

„Wisst ihr denn nicht, dass Ungerechte das Reich Gottes nicht erben werden? Irrt euch nicht: Weder Unzüchtige noch Götzendiener, weder Ehebrecher noch Weichlinge, noch Knabenschänder, weder Diebe noch Habsüchtige, noch Trunkenbolde, noch Lästerer, noch Räuber werden das Reich Gottes erben. Und solche sind etliche von euch gewesen; aber ihr seid abgewaschen, ihr seid geheiligt, ihr seid gerechtfertigt worden in dem Namen des Herrn Jesus und in dem Geist unseres Gottes!"
(1. Korinther 6,9-11).

Aus diesem „gewesen" folgt ein neuer Lebenswandel, der erlernt werden muss. Die Korinther waren hier nachlässig, weshalb Paulus ihnen einen ziemlich strengen Brief schreiben musste, doch die Rechtfertigung aus Glauben ist erst der Eintritt in die Schule Gottes, die diese Rechtfertigung in uns praktisch verwirklichen und vollenden will, sodass wir tatsächlich ein tadelloses und reines Leben führen.

Ein großes Missverständnis umgibt das Wort „glauben". Für die meisten ist es lediglich ein Glaubens*bekenntnis*, eine formelle Zustimmung zu den wesentlichsten Glaubens*inhalten*, wie man im Gottesdienst etwa das Glaubensbekenntnis mitspricht. Wer es ernster nimmt, ist von diesen Inhalten auch wirklich überzeugt, aber das sind heutzutage nicht mehr viele.

Biblischer Glaube ist aber mehr als das. Als unser Herr Jesus die Apostel aussandte, trug er ihnen nicht bloß auf, aller Welt ein Glaubensbekenntnis beizubringen, sondern einen neuen Lebensstil:

„Mir ist gegeben alle Macht im Himmel und auf Erden. So geht nun hin und macht zu Jüngern alle Völker, und tauft sie auf den Namen des Vaters und des Sohnes und des Heiligen Geistes und lehrt sie alles halten, was ich euch befohlen habe. Und siehe, ich bin bei euch alle Tage bis an das Ende der Weltzeit! Amen." (Matthäus 28,18-20).

Er beginnt mit einer Selbstaussage: Er ist der allumfassende und absolute Machthaber, d.h. der von Gott eingesetzte und gesalbte König der Welt (das ist es, was „Christus" bedeutet). An Christus zu glauben, bedeutet also sich Ihm als dem ewigen Herrscher zu unterwerfen, denn wenn ein König auftritt und Seine Herrschaft proklamieren lässt, muss man wählen, welchem Machthaber man ab nun Gehorsam und Treue geloben soll. Das deutsche Wort „glauben" leitet sich übrigens von „geloben" ab, aber das ist in Vergessenheit geraten. Glaube im biblischen Sinn ist jedoch die Treue, die man einem Herrn gegenüber gelobt und im Gehorsam auslebt. Konflikte mit der Welt und deren Machthabern sind damit vorprogrammiert, aber auch mit dem „Fürsten der Welt", dem Teufel, der im Hintergrund die Fäden zieht. Darum werden Christen noch bis heute weltweit verfolgt.

Diese Herrschaft des Sohnes Gottes soll weltweit proklamiert werden, denn das Reich Gottes ist nun nicht bloß nahe, es ist bereits in Kraft getreten, seit Er in den Himmel aufgenommen wurde und sich zur Rechten Gottes setzte. Man sagt das so dahin im Glaubensbekenntnis, man hat also davon gehört, aber wer hat die Tragweite dieser Aussage verstanden? Das gehört jedoch untrennbar zum ein für alle Mal überlieferten Glauben.

Jeder Mensch soll aufgrund dieser Tatsache aufgerufen werden, sein Leben zu ändern und ein Schüler (Jünger) Jesu zu werden. Dabei legt man alles ab, was man an kultureller Prägung und fragwürdigen Gewohnheiten verinnerlicht hat, um ganz neu zu lernen, was es heißt, so zu leben, wie Gott es eigentlich gemeint hat. Das alte Leben wird dabei gründlich „abgewaschen", denn in der Taufe sagt man der Welt, dem Teufel und allen sündhaften Werken ab, um als ein neuer Mensch aufzutauchen,[7] der nun lernt, ein gerechtes Leben zu führen. Die Heilige Schrift nennt das eine neue Geburt aus Wasser und aus Geist (Johannes 3,3-5). Paulus erklärt dazu:

„Oder wisst ihr nicht, dass wir alle, die wir in Christus Jesus hinein getauft sind, in seinen Tod getauft sind? Wir sind also mit ihm begraben worden durch die Taufe in den Tod, damit, gleichwie Christus durch die Herrlichkeit des Vaters aus den Toten auferweckt worden ist, so auch wir in einem neuen Leben wandeln. … So soll nun die Sünde nicht herrschen in eurem sterblichen Leib, damit ihr der Sünde nicht durch die Begierden des Leibes gehorcht; gebt auch nicht eure Glieder der Sünde hin als Werkzeuge der Ungerechtigkeit, sondern gebt euch selbst Gott hin als solche, die lebendig geworden sind aus den Toten, und eure Glieder Gott als Werkzeuge der Gerechtigkeit!" (Römer 6,3-4.12-13).

Wer nicht in dieser Weise neu geboren worden ist, wird das Reich Gottes weder sehen noch in es hineingelangen (Johannes 3,3-5). Das ist also ganz entscheidend, und es beschreibt den Zeitpunkt, an dem wir gerechtfertigt und unsere Sünden vergeben werden, ab dem wir vor Gott als Heilige

---

[7] Die Taufe erfolgte ursprünglich durch ein vollständiges Untertauchen des Täuflings in Wasser – das ist auch die Bedeutung des Wortes Taufe/Tauchen.

gelten. Damit ist aber nicht die Kindertaufe gemeint, denn Kinder haben weder etwas Böses getan (sind also nicht verantwortlich vor Gott), noch können sie das Evangelium verstehen oder an den Herrn Jesus glauben. Denn dieser Glaube, der ein Treueverhältnis ist, setzt Mündigkeit voraus, ohne die eine freie Willensentscheidung nicht getroffen werden kann. Der Glaube muss einer freien Entscheidung entspringen, denn wir werden vor eine Wahl gestellt, und wir müssen uns selbst prüfen können. Die Kindertaufe war die erste,[8] die schlimmste und die schädlichste Verfremdung des christlichen Glaubens, denn sie vernebelte völlig, wie man überhaupt ein Christ wird und füllte die Kirchen mit solchen, die es gar nicht sind.

Zum ein für alle Mal überlieferten Glauben gehört auch alles, was der Herr Jesus die Apostel gelehrt hat. Diese sollen die Jünger lehren, alles zu befolgen, was Er ihnen geboten hat. Das umfasst zum Beispiel die ganze Bergpredigt mit ihren „unerhörten" Anforderungen (Feindesliebe, unbedingte eheliche Treue, Absage an den Mammon …), sowie alle anderen Anweisungen, die Er uns in den Evangelien gegeben hat (die Fußwaschung zum Beispiel), aber auch das, was in den Evangelien nicht aufgezeichnet, aber durch die Apostel gelehrt wurde – kurz: das ganze Neue Testament, sowie das ganze Alte Testament im Licht der apostolischen Lehre. Das ist viel, aber wir wachsen hinein, wir lernen Schritt um Schritt. Heilige sind nicht von Anfang an vollkommen, aber sie streben danach, im Lauf des Lebens dem Herrn Jesus mehr und mehr ähnlich zu werden. Die Leitlinie und Grundhaltung dabei ist die Liebe, welche alle Gebote zusammenfasst, und ohne die das Halten jedes noch so bedeutsamen Gebotes wertlos ist.

---

[8] Diese Verfälschung der Taufe begann etwa um 200 n.Chr.

Dieser Missionsauftrag Jesu gilt bis zur Vollendung der Zeitalter, und das heißt, dass der Glaube bis zur Wiederkunft des Herrn unverändert derselbe sein soll. Ist das so? Sieht das Christentum heute so aus, wie hier skizziert? Wenn nicht, soll das so bleiben? Kann man das achselzuckend zur Kenntnis nehmen, oder sind wir berufen und dazu angehalten, die Änderungen zurückzunehmen, um wieder „Kirche wie damals" zu werden?

„Doch wenn der Sohn des Menschen kommt, wird er auch den Glauben finden auf Erden?" (Lukas 18,8).

Mögen wir zu denen gehören, bei denen Er den Glauben noch findet!

Die Taufe wurde ursprünglich durch (dreifaches) Untertauchen gläubiger Menschen praktiziert, die öffentlich der Welt, dem Teufel und den Sünden absagten. (Bild von einer Taufe in unserer Gemeinde in Krumau).

Eine Gegenüberstellung:

Kirche heute	Kirche damals
Wie man Christ wird	
Man wird als Kind getauft und gehört automatisch zur Kirche. Glauben und Verständnis des Evangeliums werden nicht vorausgesetzt.	Man setzt das Vertrauen auf das wirksame Blut Christi, um Vergebung der Sünden zu erlangen. In der Taufe legt man das alte Leben ab und wird zu einem neuen Leben geboren.
Stellung	
Alle „Getauften" sind Mitglieder, die besonders Vorbildlichen werden von der Kirche heiliggesprochen.	Alle Gläubigen sind gerechtfertigt und werden von Gott als Heilige angesprochen.
Lebenswandel	
Kulturell angepasst an eine mehr oder weniger „christliche" Gesellschaft. Wenige bis keine Apelle zur Nachfolge Jesu in den Predigten.	Nachfolge Jesu: Man lernt allem zu gehorchen, was der Herr geboten hat, und ändert sein Leben in radikaler Weise.
Glauben	
Für wahr halten, ein Bekenntnis mitsprechen, gegebenenfalls mit tiefer Überzeugung, doch das wird nicht vorausgesetzt.	Man gelobt Christus Treue und folgt Ihm nach, indem man Ihm gehorcht und in allen Lebensfragen vertraut.

1. Zeuge:
Justin der Märtyrer (100-165)
über die christliche Taufe

Zu den größten Unterschieden zwischen der Kirche damals und der heute ist die Frage, wie man ein Christ wird. Justin, der Märtyrer, der in der Mitte des 2. Jahrhunderts wirkte, erläutert es in seiner 1. Apologie (Kapitel 61) in leicht verständlichen Worten:

„Wie wir uns aber nach unserer Neuschaffung durch Christus Gott geweiht haben, wollen wir jetzt darlegen, damit wir nicht, wenn wir dieses übergehen, in unserer Ausführung eine Unredlichkeit zu begehen scheinen.

Alle, die sich von der Wahrheit unserer Lehren und Aussagen überzeugen lassen, die glauben und versprechen, dass sie es vermögen, ihr Leben darnach einzurichten, *werden angeleitet zu beten, und unter Fasten Verzeihung ihrer früheren Vergehungen von Gott zu erflehen, Auch wir beten und fasten mit ihnen. Dann werden sie von uns an einen Ort geführt, wo Wasser ist, und* ***werden neu geboren in einer Art von Wiedergeburt,*** *die wir auch selbst an uns erfahren haben; denn im Namen Gottes, des Vaters und Herrn aller Dinge, und im Namen unseres Heilandes Jesus Christus und des Heiligen Geistes nehmen sie alsdann im Wasser ein Bad. Christus sagte nämlich: „Wenn ihr nicht wiedergeboren werdet, werdet ihr in das Himmelreich nicht eingehen". Dass es nun aber für die einmal Geborenen unmöglich ist, in ihrer Mutter Leib zurückzukehren, leuchtet allen ein.*

Durch den Propheten Isaias ist, wie wir früher mitgeteilt haben, gesagt worden, auf welche Weise die, welche gesündigt haben und Buße tun, von ihren Sünden loskommen werden. Die Worte lauten: „Waschet, reinigt euch, schafft die

Bosheiten fort aus euren Herzen, lernet Gutes tun, seid Anwalt der Waise und helfet der Witwe zu ihrem Recht, und dann kommt und lasst uns rechten, spricht der Herr. Und sollten eure Sünden sein wie Purpur, ich werde sie weiß machen wie Wolle; sind sie wie Scharlach, ich werde sie weiß machen wie Schnee. Wenn ihr aber nicht auf mich hört, wird das Schwert euch verzehren; denn der Mund des Herrn hat gesprochen".

Und hierfür haben wir von den Aposteln folgende Begründung überkommen. *Da wir bei unserer ersten Entstehung ohne unser Wissen nach Naturzwang aus feuchtem Samen infolge gegenseitiger Begattung unserer Eltern gezeugt wurden und in schlechten Sitten und üblen Grundsätzen aufgewachsen sind, so wird, damit wir nicht Kinder der Notwendigkeit und der Unwissenheit bleiben, sondern* **Kinder der freien Wahl und der Einsicht,** *auch der Vergebung unserer früheren Sünden teilhaftig werden, im Wasser über dem, der nach der Wiedergeburt Verlangen trägt und seine Vergehen bereut hat, der Name Gottes, des Allvaters und Herrn, ausgesprochen, wobei der, welcher den Täufling zum Bade führt, nur eben diese Bezeichnung gebraucht. Denn einen Namen für den unnennbaren Gott vermag niemand anzugeben, und sollte jemand behaupten wollen, es gebe einen solchen, so wäre er mit unheilbarem Wahnsinn behaftet.*

Es heißt aber dieses Bad Erleuchtung, weil diejenigen, die das an sich erfahren, im Geiste erleuchtet werden. *Aber auch im Namen Jesu Christi, des unter Pontius Pilatus Gekreuzigten, und im Namen des Heiligen Geistes, der durch die Propheten alles auf Jesus Bezügliche vorherverkündigt hat, wird der, welcher die Erleuchtung empfängt, abgewaschen."*

Die Apostel selbst haben gelehrt, dass der große Unterschied zwischen der natürlichen Geburt und der neuen Geburt der ist, dass letztere unsere freie Einwilligung voraussetzt. Die Taufe unmündiger Kinder ist erst am Ende des zweiten Jahrhunderts aufgekommen, wohl aufgrund der Kindersterblichkeit und der Bitte besorgter Eltern um eine Nottaufe. Es gibt keine Belege für die Kindertaufe vor dieser Zeit. Die Ausführungen Justins dokumentieren das allgemeine Verständnis der Taufe in der ganzen Kirche damals.

Die Frage, wie man Christ wird, legt fest, aus welcher Art von Menschen die Kirche besteht: aus Freiwilligen oder aus Zwangsbeglückten. Aus solchen, die aus eigenem Antrieb und Überzeugung Christus nachfolgen wollen, oder aus solchen, denen man (oft gegen ihren Willen) eine christliche Moral aufnötigt. Aus solchen, die wissen, worum es geht und dafür auch nachteilige Konsequenzen auf sich nehmen, oder aus Schönwetter- und Kulturchristen, die lediglich wegen der gesellschaftlichen Erwartungshaltung dabei sind. Der Unterschied zwischen diesen beiden Kirchen kann größer nicht sein.

Was würden wir über einen vom Herrn Jesus angestellten Schafhirten denken, in dessen Herde sich zwar ein paar echte Schafe befinden, überwiegend aber Tiere wie Eichhörnchen, Schildkröten, Katzen und Hunde? Von welchen Tieren wird der große Hirte der Schafe, Jesus Christus, Milch und Wolle bekommen? Nur, weil diese anderen Tiere „Schafe" genannt werden oder sich (wie es modern ist) als solche „identifizieren", sind sie keine Schafe. Wer nicht Christ geworden ist, wie die Heilige Schrift es lehrt, bildet sich sein Christsein lediglich ein. Und solche Kirchen geben nur vor, Kirchen zu sein – es ist ein riesiger Etikettenschwindel.

Wie geht es uns damit? Ginge es nur um eine philosophische Frage, bei der man verschiedene Ansätze verfolgen kann, wäre es belanglos. Da es aber um das Evangelium und die Frage des ewigen Lebens geht, ist das durchaus schwerwiegend.

Sieben Aspekte christlicher Einheit

Ehe ich weitergehe im Thema, muss ich einen Einwand vorwegnehmen: Fragestellungen wie diese stören doch die ökumenische Eintracht und spalten! Gewiss, das tun sie. Christus hat ja ausdrücklich gesagt, Er wolle, dass die Seinen „eins" sind, aber lesen wir genau:

*„Ich bitte aber nicht für diese allein, sondern auch für die, **welche durch ihr Wort an mich glauben** werden, auf dass sie alle eins seien, gleichwie du, Vater, in mir und ich in dir; auf dass auch sie in uns eins seien, damit die Welt glaube, dass du mich gesandt hast."* (Johannes 17,20-21).

Christus ist nicht an einer ökumenischen Eintracht interessiert, wo jeder unter demselben institutionellen Dach glaubt und tut, was er für richtig hält. Evangelisch, Orthodox, katholisch, die zahllosen kleineren Denominationen trennt in der Praxis immerhin so viel, dass sie nicht einmal das Abendmahl miteinander nehmen können. Liberale Theologen glauben nicht einmal an die Auferstehung Jesu und tragen ihrerseits die woke Agenda in die Kirchen!

Die Einheit soll unter denen bestehen und gelebt werden, die durch das Wort (die Lehre und Verkündigung der Apostel vom Herrn Jesus Christus) gläubig geworden sind! Besteht darüber keine Einigkeit – also darüber, was ihren Inhalt, ihre Bedeutung, ihre Auslegung, ihre Gültigkeit, ihre Autorität betrifft – besteht auch keine Einheit. Damit ist die ökumenische Eintracht zwar gut gemeint, aber eben nur eine Ausdrucksform eines relativistischen Allerweltshumanismus.

Die Glaubwürdigkeit des Evangeliums hängt also direkt davon ab, dass Seine Jünger dem Evangelium voll und ganz vertrauend ein gemeinsames

Zeugnis geben. Verbindliche Glaubensbekenntnisse (wie das Apostolische Glaubensbekenntnis oder das von Nicäa, vor allem aber spätere) waren der Versuch, die für alle verbindliche Apostolische Lehre zu definieren und zu formulieren. Leider schossen sie dabei oft über das Ziel hinaus und wollten Gott dabei genauer beschreiben als Er sich selbst kundgetan hat, was in sich den Kern neuer Uneinigkeit barg.

Die Bibel ist von einfachen Menschen (Fischer) für einfache Menschen geschrieben worden (Bild aus einer Ausstellung über Geheimprotestanten im Gailtalmuseum/Möderndorf).

Es muss also einfacher sein, einfach bleiben, schlicht, authentisch und vor allem christozentrisch. Wenn die seliggepriesen werden, die das Reich Gottes annehmen wie ein Kind, dann müssen die Gelehrten und Theologen sich hinten anstellen. Christus ist das Thema und der Inhalt der apostolischen Verkündigung, unser Erlöser, unser König, unser guter Hirte und was sonst alles von Ihm zu sagen ist. Betritt man eine Kirche und sieht zuallererst ein großes Marienbild, dann ist die Gestaltung dieses Sakralraumes offenbar nicht christozentrisch, sondern marianisch. Paulus und die anderen Apostel würden dieses Bild nicht verstehen und auch keiner christlichen Gemeinde zuordnen können, denn sie selbst haben so gut wie gar nicht von Maria gesprochen. Christus ist die apostolische und rettende Botschaft!

„Und es ist in keinem anderen das Heil; denn es ist kein anderer Name unter dem Himmel den Menschen gegeben, in dem wir gerettet werden sollen!" (Apostelgeschichte 4,12).

Nun ist dieser Tage Papst Franziskus auffällig geworden, als er bei einem interreligiösen Treffen in Singapur sagte, alle Religionen seien ein Weg zu Gott. Das ist das Oberhaupt der katholischen Kirche, die von sich behauptet, die eine wahre Kirche zu sein, der Papst, unter dem alle Christen vereint sein sollten. Gibt es aber, gemessen an der Lehre der Apostel, eine größere Irrlehre als diese? Wörtlich sagte er:

„Alle Religionen sind ein Weg zu Gott. Sie sind wie verschiedene Sprachen, verschiedene Idiome, um dorthin zu gelangen. Aber Gott ist Gott für alle … Es gibt nur einen Gott, und wir, unsere Religionen sind Sprachen, Wege zu Gott.

Einige sind Sikhs, einige Muslime, einige Hindus, einige Christen, aber es sind verschiedene Wege."[9]

Natürlich gibt es auch innerkatholisch heftigen Widerspruch, doch ebenso gibt es begeisterte Zustimmung in derselben. Innerhalb der säkularen Gesellschaft trifft er damit deren relativistischen Geschmack und führt seine Kirche damit in den Nebel der Belanglosigkeit.

Einheit muss also klar definiert sein, darf sich aber auch nicht darin verzetteln, zu klären, was die Apostel selbst unklar gelassen haben. Der Glaube kann mit offenen Fragen leben. Andererseits dürfen wir die Unklarheiten nicht ausdehnen und verwässern, was uns in der Heiligen Schrift überliefert worden ist. Da gilt es, geltungssüchtige Theologen, stürmische Neuerer, gesetzliche Eiferer und spitzfindige Kirchenbürokraten gleichermaßen an die kurze Leine zu nehmen, und Widerspruch einzulegen im Namen der Schlichtheit, Authentizität und Christozentrik.

Das neue Testament bietet ein paar kurz gefasste Bekenntnistexte, die genau das bieten, vor allem einer davon beschreibt, was die christliche Einheit ausmacht. Paulus nennt konkret 7 Punkte, setzt aber eine Präambel voraus, welche den Ton bestimmen soll:

„So ermahne ich euch nun, ich, der Gebundene im Herrn, dass ihr der Berufung würdig wandelt, zu der ihr berufen worden seid, indem ihr mit aller Demut und Sanftmut, mit Langmut einander in Liebe ertragt und eifrig bemüht seid, die Einheit des Geistes zu bewahren durch das Band des Friedens." (Epheser 4,1-3).

---

[9] https://www.katholisch.de/artikel/56064-erzbischof-kritisiert-papst-franziskus-nicht-alle-religionen-gleich

Paulus schreibt diese Worte aus dem Gefängnis, das drohende Todesurteil vor Augen. In solch einer Situation befasst man sich nicht mehr mit Nebendingen, sondern ist fokussiert auf das, was zählt und bleibt. Er weist zurück auf die Berufung der Heiligen, und im Bewusstsein wie unwürdig wir alle zuvor waren, schärft er uns Demut, Langmut und Liebe ein. Die Einheit zu leben ist ein Kampf, welcher ohne diese Grundhaltung nie gelingen kann, denn hier ist viel auszuhalten und zu ertragen, was nur in Liebe erduldet werden kann. Diese Liebe kommt von Gott, die durch Seinen Geist in unsere Herzen ausgegossen worden ist. Es ist keine menschliche „allerweltstolerante" Liebe, sondern die Liebe Gottes, die der Wahrheit verpflichtet bleibt.

Die Einheit des Geistes, welche die Christen im Frieden verbunden halten soll, wird einem Band verglichen, das uns zusammenhält. Es ist siebenfach geflochten:

*„**Ein** Leib und **ein** Geist, wie ihr auch berufen seid zu **einer** Hoffnung eurer Berufung; **ein** Herr, **ein** Glaube, **eine** Taufe; **ein** Gott und Vater aller, über allen und durch alle und in euch allen."* (Epheser 4,4-6).

Es lohnt sich, die sieben Stränge einzeln zu vertiefen:

1. **Ein Leib:** Damit ist die Gemeinde Christi gemeint, deren Zusammenwirken untereinander mehrfach mit einem Körper verglichen wird, dessen Haupt Christus ist. Jeder Christ ist in diesem Bild ein Körperteil, der mit den anderen organisch verbunden ist. Es herrscht eine wachstumsorientierte, lebendige und positive Co-Abhängigkeit.

2. **Ein Geist:** In diesem Geist wurden wir berufen, von unseren Sünden überführt und von neuem geboren. Er macht uns zu

Kindern Gottes. Wer Ihn nicht hat, hat Christus nicht und lebt noch im Tod der alten Natur. Es geht also ganz zentral um eine wahrhaftige Bekehrung und Erneuerung, bzw. wie Justin es auch nennt: Erleuchtung.

3. **Eine Hoffnung:** Hier geht es um den Inhalt und die Reichweite des Evangeliums, welches auf die leibliche Auferstehung in eine neue Schöpfung hinein verweist. Ein neuer Himmel und eine neue Erde, in denen Gerechtigkeit wohnt, wo der Krieg nicht mehr gelernt wird, wo es weder Leid, Geschrei noch Schmerz gibt, wo der Tod verschlungen ist im Sieg. Diese Hoffnung ist absolut herrlich und jedes Opfer wert!

4. **Ein Herr:** Das ist unser Herr Jesus Christus, König und Befreier (Erlöser), der Gesetzgeber des Neuen Bundes, dessen Worte in Ewigkeit Geltung haben, auch wenn Himmel und Erde längst vergangen sind. Er hat uns mit Seinem Blut zu Seinem Eigentum erkauft, damit wir für Ihn ein königliches Priestertum werden, das mit Ihm in Ewigkeit herrschen soll.

5. **Ein Glaube:** Diesem Herrn vertrauen wir und halten Ihm die Treue. Wir vertrauen Seiner Führung, Seiner Fürsorge, Seinen Worten und Zusagen, und wir gehorchen Seinen guten Anweisungen, um als aus Glauben Gerechtfertigte zu wahrhaft Gerechten heranzuwachsen.

6. **Eine Taufe:** In der Taufe legen wir den alten Menschen ab und ziehen Christus an. Wir werden zu neuen Menschen geboren und mit dem Heiligen Geist erfüllt und versiegelt. Die Taufe erst macht uns zu Nachfolgern Christi und Kindern Gottes. Hier werden alle vergangenen Sünden abgewaschen und wir werden gerecht gesprochen und geheiligt.

7. **Ein Vater:** Der Schöpfer Himmels und der Erde, der die ganze Schöpfung erfüllt und in Händen hält, wird unser Vater. Wir dürfen Ihn wie auch Jesus Christus mit „Abba" (Vater) anreden und sind in derselben Stellung als Kinder Gottes wie unser Heiland. Er ist der Erstgeborene, wir sind Seine Geschwister. Eine höhere Berufung gibt es nicht, wir gehören zu Gottes Familie.

Auch das ist der ein für alle Mal überlieferte Glaube. Aber in welchen Kirchen hört man das heute? Nämlich alles, nicht nur Bruchstücke davon. Das einzufordern oder neu zu entdecken, bedeutet den Bruch mit der ökumenischen Eintracht und den Eintritt in die Einheit des Geistes. Diese beiden haben nichts miteinander zu tun. Letztere ist echt, erstere eine perfide Fälschung. Die Einheit des Geistes beruht auf Christus und Tugenden wie Demut, Langmut und Liebe; die ökumenische Eintracht jedoch gründet in den Strukturen menschlicher Institutionen und Machtapparate. Paulus ist überaus deutlich:

„Denn einen anderen Grund kann niemand legen außer dem, der gelegt ist, welcher ist Jesus Christus." (1. Korinther 3,11).

Hast du diesen Grund in dir? Darauf kommt es nämlich an! Was nützt es, sich zu einer Kirche zu halten, die diesen Grund bereits verlassen hat? Was nützt es, sich einem Papst zum Gehorsam verpflichtet zu meinen, der diesen Grund öffentlich verleugnet? Ich sage das nicht, weil ich provozieren oder religiöse Gefühle verletzen will. Es geht um mehr, als uns fürs erste bewusst sein mag.

Die Gemeinde, die der Herr gründete

Überzeugte Katholiken werfen ein, dass ihre Kirche die sei, die vom Herrn Jesus Christus im Jahr 30 n.Chr. (zu Pfingsten) gegründet wurde, und verweisen dabei auf eine nachweisbare ununterbrochene Geschichte bis heute. Das sagen die orthodoxen Kirchen auch. Und jede Kirche, die sich im Lauf der Kirchengeschichte von diesen getrennt hat, ging doch aus diesen hervor und hat somit denselben Ursprung. Ist eine lineare, direkte Geschichte seit dem ersten Pfingsten wirklich ein Argument?

Ich lebe in einer Region Österreichs, die einst keltisch besiedelt war. Wahrscheinlich könnte ich mich genetisch bis auf das erste Jahrhundert zurückführen lassen, als hierzulande noch das Königreich Noricum bestand. Dennoch rede ich deutsch und nicht keltisch. Wohl gibt es noch einige keltische Bräuche (Perchtenläufe, Sonnwendfeuer), doch zogen nicht nur verschiedene Germanenstämme durch unser Land, sondern auch Römer und Slawen, so dass ich ein genetisches Mischmasch mit keltischer Basis bin. Eine lineare Abstammung von den Stämmen der Vorzeit macht mich daher nicht zu einem reinen Kelten.

Ebenso ist es mit der Kirche. Sie hat eine Geschichte hinter sich, wo viele fremde Lehren und Einflüsse, Fehlentscheidungen und Fehlentwicklungen eine Religion hervorgebracht haben, die zwar auf den urchristlichen Wurzeln beruht, aber damit in Lehre und Praxis nur mehr wenig gemeinsam hat. Diese Fehlentwicklungen begannen sehr früh. Paulus warnte bereits in der ersten oder zweiten Generation der Kirche vor Fehlentwicklungen, die nicht nur von außen kommen sollten:

„So habt nun acht auf euch selbst und auf die ganze Herde, in welcher der Heilige Geist euch zu Aufsehern gesetzt hat, um die Gemeinde Gottes zu hüten, die er

durch sein eigenes Blut erworben hat! Denn das weiß ich, dass nach meinem Abschied räuberische Wölfe zu euch hineinkommen werden, die die Herde nicht schonen; und **aus eurer eigenen Mitte** *werden Männer aufstehen, die verkehrte Dinge reden, um die Jünger abzuziehen in ihre Gefolgschaft."* (Apostelgeschichte 20,28-30).

Aus der Leitung der Gemeinde Christi selbst, aus den Reihen ihrer Ältesten und Bischöfe, würden Irrlehrer kommen – und das ist geschehen. Die Frage ist nur, wer die Irrlehrer sind! Wohl die, welche offensichtlich von der Apostolischen Lehre abweichen, die uns in der Heiligen Schrift gegeben ist, vom ein für alle Mal überlieferten Glauben. Solche Fehlentwicklungen darf man nicht einfach weiterlaufen lassen. Der Herr Jesus selbst hat einzelnen Gemeinden in Kleinasien tiefernste Briefe geschrieben, um sie zur Umkehr zu rufen. Bei den einen fing es scheinbar harmlos mit einem Erkalten der Liebe an:

„Aber ich habe gegen dich, dass du deine erste Liebe verlassen hast. Bedenke nun, wovon du gefallen bist, und tue Buße und tue die ersten Werke! Sonst komme ich rasch über dich und werde deinen Leuchter von seiner Stelle wegstoßen, wenn du nicht Buße tust!" (Offenbarung 2,4-5).

Worauf verweist der Herr diese Gemeinde? Auf die Anfänge! Sie sollten wieder wie die Kirche damals werden: getrieben von Liebe sollten sie wieder das tun, was von Anfang alle Gemeinden taten und bis heute tun sollten. Reformation ist also ein direktes biblisches Gebot, und gerade jene Kirchen, die sich am nachdrücklichsten auf ihre direkte Linie zurück zum ersten Pfingsten berufen, weigern sich am hartnäckigsten gegen die gebotene Reformation. Aber sie selbst hören nicht auf, sich zu ändern – in die falsche Richtung! So warf es der Herr schon Israel vor:

„Denn: Ich, der Herr, bin euer Gott und habe mich nicht verändert; und ihr, Söhne Jakobs, lasst nicht ab von den Ungerechtigkeiten eurer Väter, ihr beugtet die Gebote und hieltet sie nicht. Kehrt um zu mir, dann werde ich mich zu euch kehren – spricht der Herr, der Allherrscher. Und ihr sagtet: »Inwiefern sollen wir uns umwenden?«" (Maleachi 3,6-7).

„Inwiefern sollen wir uns umwenden?", klingt wie eine ausweichende Frage, die aber eine klare Antwort hat: zur ersten Liebe und zu den ersten Werken. Kirche wie damals.

Wir sind ja nicht die Baumeister der Gemeinde, und darum dürfen wir auch nicht den Bauplan der Gemeinde ändern. Jede Abweichung vom Bauplan irgendeines Hauses gefährdet die Statik, vermehrt die Kosten und löscht Garantiezusagen des verantwortlichen Architekten. Wie können wir Seinen Plan bzw. unseren Zweck in dieser Welt erfüllen, wenn wir wesentliche Funktionen und Grundlagen verloren haben, wenn wir – im Extremfall – überhaupt nicht mehr auf dem Grund bauen, der von Gott gelegt worden ist, nämlich Christus (1. Korinther 3,11)? Das soll die Gemeinde Gottes sein:

„[Das] Haus Gottes, welches die Gemeinde des lebendigen Gottes ist, der Pfeiler und die Grundfeste der Wahrheit." (1. Timotheus 3,15).

Das kann sie aber nur sein, wenn sie nicht mit Lüge vermischt ist. Die erste Lüge ist die, dass man Menschen zu Christen und Gliedern der Gemeinde Gottes erklärt, die es gar nicht sind. Das Haus Gottes darf nicht mit Gläubigen und Ungläubigen gleichermaßen gebaut werden:

„Zieht nicht in einem fremden Joch mit Ungläubigen! Denn was haben Gerechtigkeit und Gesetzlosigkeit miteinander zu schaffen? Und was hat das Licht für Gemeinschaft mit der Finsternis? Wie stimmt Christus mit Belial überein?

Oder was hat der Gläubige gemeinsam mit dem Ungläubigen? Wie stimmt der Tempel Gottes mit Götzenbildern überein? Denn ihr seid ein Tempel des lebendigen Gottes, wie Gott gesagt hat: »Ich will in ihnen wohnen und unter ihnen wandeln und will ihr Gott sein, und sie sollen mein Volk sein«. Darum geht hinaus von ihnen und sondert euch ab, spricht der Herr, und rührt nichts Unreines an! Und ich will euch aufnehmen, und ich will euch ein Vater sein, und ihr sollt mir Söhne und Töchter sein, spricht der Herr, der Allmächtige." (2. Korinther 6,14-18).

Darum betone ich die Wichtigkeit der Frage, wie man Christ wird. Wird diese Frage falsch beantwortet, wird das Haus Gottes falsch gebaut. Wir haben kein Recht, den Bauplan Christi zu ändern.

Ein zweites Argument wird aus dem Wort des Herrn an Petrus abgeleitet, nachdem dieser Ihn als Messias bekannt hat:

„Da antwortete Simon Petrus und sprach: Du bist der Christus, der Sohn des lebendigen Gottes! Und Jesus antwortete und sprach zu ihm: Glückselig bist du, Simon, Sohn des Jona; denn Fleisch und Blut hat dir das nicht geoffenbart, sondern mein Vater im Himmel!

Und ich sage dir auch: Du bist Petrus, und auf diesen Felsen will ich meine Gemeinde bauen, und die Pforten des Totenreiches sollen sie nicht überwältigen.

Und ich will dir die Schlüssel des Reiches der Himmel geben; und was du auf Erden binden wirst, das wird im Himmel gebunden sein; und was du auf Erden lösen wirst, das wird im Himmel gelöst sein." (Matthäus 16,16-19).

Zuerst und zuletzt geht es darum, wer Jesus ist. Das Bekenntnis, dass Er der Messias und der Sohn Gottes sei, ist die unbedingte Voraussetzung für den Bau der Gemeinde. Ohne Ihn, und ohne Ihn richtig zu erkennen, gibt es keine Kirche oder Gemeinde. Als Antwort darauf macht der Herr eine

Aussage über Petrus und über den Felsen, auf den Er die Gemeinde bauen wolle. Er verwendet dabei zwei verschiedene Worte:

- Petrus (gr. Petros) bedeutet Stein.
- Petra hingegen bedeutet Fels.

Es ist ein Wortspiel, das Petrus eben nicht mit dem Felsen gleichsetzt, sondern so verstanden werden muss:

„Der Vers greift die griech. Form auf, die ein Wortspiel gestattet: Petros = Stein, Petra = Fels; beide Bedeutungen sind in dem aram. Kefa gleichermaßen angelegt. Entsprechend müsste man übersetzen ...: »Du bist Stein, und auf dieses Gestein werde ich meine Kirche bauen. «"[10]

Das bedeutet: Auf Menschen wie dich, auf Menschen, die dieselbe Offenbarung Gottes über mich empfangen haben. Tatsächlich muss der Glaube von Gottes Geist bewirkt oder angeregt werden, wie der Herr Jesus an anderer Stelle anmerkt:

„Zu jener Zeit begann Jesus und sprach: Ich preise dich, Vater, Herr des Himmels und der Erde, dass du dies vor den Weisen und Klugen verborgen und es den Unmündigen geoffenbart hast! Ja, Vater, denn so ist es wohlgefällig gewesen vor dir. Alles ist mir von meinem Vater übergeben worden, und niemand erkennt den Sohn als nur der Vater; und niemand erkennt den Vater als nur der Sohn und der, welchem der Sohn es offenbaren will." (Matthäus 11,25-27).

Darum ist es auch nicht Petrus allein, dem die Schlüssel des Himmelreichs gegeben worden sind. Die Vollmacht zu binden und zu lösen ist der ganzen Gemeinde gegeben:

---

[10] https://www.die-bibel.de/ressourcen/wibilex/neues-testament/petrus-3

„Wahrlich, ich sage euch: Was ihr auf Erden binden werdet, das wird im Himmel gebunden sein, und was ihr auf Erden lösen werdet, das wird im Himmel gelöst sein." (Matthäus 18,18).

Dabei geht es um die Aufnahme in die Gemeinde oder auch um den Ausschluss aus derselben aufgrund von Sünde, von der der Betreffende nicht umkehren will.

Petrus selbst war trotz des ihm gegebenen Namens ein schwacher und fehlerhafter Mensch. Nur wenige Zeilen nach dieser „Ehrung" wollte er den Herrn vom Weg nach Jerusalem und damit vom Kreuz abhalten, worauf dieser ihn harsch in die Schranken wies:

„Weiche von mir, Satan! Du bist mir ein Ärgernis; denn du denkst nicht göttlich, sondern menschlich!" (Matthäus 16,23).

Petrus wollte den Herrn Jesus in Gethsemane eigenmächtig mit dem Schwert verteidigen. Er verleugnete den Herrn danach jedoch drei Mal. Er ließ sich von gesetzlichen Irrlehrern einschüchtern und wurde von Paulus scharf zurechtgewiesen (Galater 2,11-14). Den Vorsitz in der Jerusalemer Gemeinde, als die Apostel zusammenkamen, um über die gläubiggewordenen Nichtjuden zu beraten, führte nicht Petrus, sondern der Halbbruder[11] Jesu, Jakobus (Apostelgeschichte 15). Petrus selbst sagte nicht von sich, dass er der erste der Apostel sei, sondern bezeichnete sich lediglich als „Mitältester", als einer von vielen auf Augenhöhe (1. Petrus 5,1) und mahnte zu allgemeiner Demut (1. Petrus 5,5-6). Nicht auf ihm

---

[11] *„Ist dieser nicht der Zimmermann, der Sohn der Maria, der Bruder von Jakobus und Joses und Judas und Simon? Und sind nicht seine Schwestern hier bei uns? Und sie nahmen Anstoß an ihm."* (Markus 6,3).

würde die Gemeinde gebaut werden, sondern auf dem lebendigen Stein Christus:

„Da ihr zu ihm gekommen seid, zu dem lebendigen Stein, der von den Menschen zwar verworfen, bei Gott aber auserwählt und kostbar ist, so lasst auch ihr euch nun als lebendige Steine aufbauen, als ein geistliches Haus." (1. Petrus 2,4-5).

Man sollte auch darauf hinweisen, dass die Ehrung allein Petrus galt und von etwaigen Nachfolgern des Apostels keine Rede war, auch nicht von einem Bischofsamt in der fernen Stadt Rom, welche der Herr als Zentrum Seiner Kirche auserwählt hätte.

An dieser Stelle fragte der Herr Seine Jünger, wer sie dachten, dass Er sei. Verwies Er auf diesen Felsen, als Er sagte: „Auf diesem Felsen will ich meine Gemeinde bauen."? Die große Höhle war als „Pforte des Hades" bekannt. (Bild: Wikipedia, Banyas, vom User Gugganij).

Als der Herr diese Aussage machte, war Er mit Seinen Jüngern am Fuß des Berges Hermon bei Banyas. Dort war ein großer Felsen mit Götzentempeln davor und einer Höhle, die man „die Pforte des Hades" nannte. Es ist also naheliegend, dass Er zudem auf diesen Felsen zeigte, um zu betonen, dass Seine Kirche auf den Pforten des Totenreiches errichtet würde, und diese könnten dem Evangelium nicht wehren (es nicht überwinden/besiegen). Denn das Evangelium befreit vom Tod und macht auch dem Götzendienst ein Ende. So ergibt diese Stelle einen tiefen Sinn und führt uns Christus vor Augen und nicht einen schwachen, sterblichen Menschen. Wer Er ist, das ist das Fundament Seiner Gemeinde. Die Stadt Gottes ist auch nicht Rom, sondern das himmlische Jerusalem:

„Das obere Jerusalem aber ist frei, und dieses ist die Mutter von uns allen. Denn es steht geschrieben: »Freue dich, du Unfruchtbare, die du nicht gebierst; brich in Jubel aus und jauchze, die du nicht in Wehen liegst, denn die Vereinsamte hat mehr Kinder als die, welche den Mann hat«." (Galater 4,26-27).

Das ist die Stadt, auf die Abraham wartete, als er noch in Zelten wohnte:

„Durch Glauben hielt er sich in dem Land der Verheißung auf wie in einem fremden, und wohnte in Zelten mit Isaak und Jakob, den Miterben derselben Verheißung; denn er wartete auf die Stadt, welche die Grundfesten hat, deren Baumeister und Schöpfer Gott ist." (Hebräer 11,9-10).

Rom hat diese Grundfesten nicht. Rom wurde auch nicht von Gott erbaut. Es geht um Christus: Er muss im Zentrum stehen. Er ist der Baumeister, und wir dürfen nicht von Seinem Bauplan abweichen. Wo das bereits geschehen ist, müssen wir es korrigieren – immer und immer wieder, wo es uns auffällt, dass wir etwas missverstanden haben, dass wir uns verirrt haben, dass wir uns verführen haben lassen, dass wir unachtsam waren.

Eine gesunde Gemeinde Gottes ist daher selbstkritisch und demütig statt selbstsicher und überheblich.

2. Zeuge:
Irenäus von Lyon (135-200)
Wo ist die apostolische Tradition?

Als Papst Pius IX. 1870 das Dogma der päpstlichen Unfehlbarkeit verkündete, verwies er auf eine Aussage des Irenäus (Bischof in Lyon, 2. Jahrhundert):

„Aus diesem Grund mussten jederzeit alle Einzelkirchen, das heißt die Gläubigen allerorten, mit der Römischen Kirche wegen ihrer obrigkeitlichen Stellung übereinstimmen. (VgI S. Irenaeus, Adv. haereses 1.3, c.3.)"[12]

Was genau ist mit diesem Dogma gemeint? Und was sagte Irenäus wirklich?

„Zur Ehre Gottes, unseres Heilandes, zur Erhöhung der katholischen Religion, zum Heil der christlichen Völker lehren und erklären wir endgültig als von Gott geoffenbarten Glaubenssatz, in treuem Anschluss an die vom Anfang des christlichen Glaubens her erhaltene Überlieferung, unter Zustimmung des heiligen Konzils: **Wenn der Römische Papst in höchster Lehrgewalt (ex cathedra) spricht,** *das heißt: wenn er seines Amtes als Hirt und Lehrer aller Christen waltend in höchster apostolischer Amtsgewalt endgültig entscheidet, eine Lehre über Glauben oder Sitten sei von der ganzen Kirche festzuhalten,* **so besitzt er aufgrund des göttlichen Beistandes, der ihm im heiligen Petrus verheißen ist, jene Unfehlbarkeit,** *mit der der göttliche Erlöser seine Kirche bei endgültigen Entscheidungen in Glaubens- und Sittenlehren ausgerüstet haben wollte. Diese*

---

[12] https://www.kathpedia.com/index.php/Pastor_aeternus_(Wortlaut)#Petrus_hat_von_Christus_den_Jurisdiktionsprimat_erhalten

endgültigen Entscheidungen des Römischen Papstes sind daher aus sich und nicht aufgrund der Zustimmung der Kirche unabänderlich. Wenn sich jemand — was Gott verhüte — herausnehmen sollte, dieser unserer endgültigen Entscheidung zu widersprechen, so sei er ausgeschlossen."[13]

Es ist nachvollziehbar, dass dieses Dogma keineswegs ungeteilte Zustimmung fand. Damals spaltete sich die Altkatholische Kirche ab. Dieses Dogma öffnet neuen Lehren Tür und Tor, etwa vielen Mariendogmen, von denen man in der Bibel nichts liest, aber auch rückwirkend wird dadurch jede päpstliche Lehraussage legitimiert. Wussten die Apostel nichts davon? War es ihnen nicht wichtig genug? Oder sind diese gar falsch? Irenäus widerspricht der Idee, dass die Lehre der Apostel ergänzt oder verbessert werden könnte, vehement:

*„Von keinem andern als von denen, durch welche das Evangelium an uns gelangt ist, haben wir Gottes Heilsplan gelernt. Was sie zuerst gepredigt und dann nach dem Willen Gottes uns schriftlich überliefert haben, das sollte das Fundament und die Grundsäule unseres Glaubens werden. **Frevelhaft ist die Behauptung, sie hätten gepredigt, bevor sie die vollkommene Kenntnis besessen hätten, wie jene zu sagen sich erkühnen, die sich rühmen, die Apostel verbessern zu können.** Nicht eher nämlich zogen sie aus bis an die Grenzen der Erde, allen die frohe Botschaft zu bringen und den himmlischen Frieden den Menschen zu verkünden, als unser Herr von den Toten auferstanden war und sie alle die Kraft des Heiligen Geistes empfangen hatten, der über sie kam. Dadurch empfingen sie die Fülle von allem und die vollkommene Erkenntnis, und so besitzt auch jeder einzelne von ihnen das Evangelium Gottes."* (Gegen die Häresien III,1,1).

---

[13] https://de.wikipedia.org/wiki/Päpstliche_Unfehlbarkeit

Irenäus besteht also darauf, für den ein für alle Mal überlieferten Glauben zu kämpfen, und lässt Veränderungen desselben nicht zu. Irenäus wehrt sich auch gegen ein Verständnis von Tradition, welches die Heilige Schrift einer verborgenen mündlich überlieferten Tradition unterwirft, wie das die gnostischen Sekten taten, aber wie es auch auf den Gebrauch der kirchlichen Tradition zutrifft, welche die Bibel in wesentlichen Punkten außer Kraft gesetzt hat:

*„Widerlegt man nämlich die Häretiker aus den **Schriften,** dann erheben sie gegen eben diese Schriften die Anklage, **dass sie nicht zuverlässig seien, keine Autorität besäßen, auf verschiedene Weise verstanden werden könnten,** und dass aus ihnen die Wahrheit zu finden nur die imstande seien, die die Tradition verstünden."* (Gegen die Häresien III,2,1).

Die Vorwürfe der zitierten gnostischen Irrlehrer[14] hört man immer noch, und die katholische Kirche hält mit ähnlicher Logik ihre Gläubigen vom Lesen und Verstehen der Bibel ab. Die Tradition gebe den Ausschlag. Die Heilige Schrift ist für Irenäus jedoch hinreichend klar und ausreichend für sämtliche Fragen der Lehre und der Praxis. Die *apostolische* Tradition ist in der Bibel vollständig und ausreichend überliefert.

---

[14] Die Gnosis war ein Sammelsurium verschiedener Ideen aus der platonischen Philosophie, Mysterienkulten und christlichen Elementen, welche sich als besonders „geistlich" darstellte, da sie materielle Welt (die Schöpfung Gottes) aufgrund der offensichtlichen Defizite (Leid, Tod, …) ablehnte und einem bösen Gott (Demiurg) zuschrieb. Wir aber seien Geistwesen und in unserem Körper bloß gefangen. Der Gott des Alten Testament sei der böse Schöpfergott, der des Neuen Testaments hingegen der gute Vater, der uns vom Körper befreien und wieder in sein „Pleroma" (Reich der Fülle) zurückführen will. Christus sei uns erscheinen, um uns diese Erkenntnis (Gnosis) zu vermitteln, sei aber nicht wirklich Mensch geworden. Darum beschreibt Johannes in seinen Briefen jene, die leugnen, dass Christus im Fleisch gekommen ist, als Antichristen (1. Johannes 4,1-3). Die Gnosis lebt fort im New Age und verschiedenen esoterischen Lehren.

„Die von den Aposteln in der ganzen Welt verkündete Tradition kann in jeder Kirche jeder finden, der die Wahrheit sehen will, und wir können die von den Aposteln eingesetzten Bischöfe der einzelnen Kirchen aufzählen und ihre Nachfolger bis auf unsere Tage. Diese haben von den Wahngebilden jener nichts gelehrt und nichts gehört. Denn wenn die Apostel verborgene Geheimnisse gewusst hätten, die sie in besonderem, geheimem Unterricht nur die Vollkommenen lehrten, dann hätten sie die Geheimnisse am ehesten denen übergeben, denen sie sogar die Kirchen anvertrauten. Ganz vollkommen nämlich und in allem untadelig wünschten sie die, denen sie ihren Lehrstuhl übergaben, und die sie als ihre Nachfolger zurückließen, von deren gutem oder schlechtem Verhalten für das Wohl und Wehe der Ihrigen soviel abhing." (Gegen die Häresien III,3,1).

In allen Gemeinden (damals!) war die apostolische Lehre treu bewahrt, da die Apostel zuverlässige Nachfolger einzusetzen bemüht waren (vgl. 2. Timotheus 2,2) und generell in Lehrfragen eine sehr konservative Haltung herrschte. Es geht also nicht um Rom, sondern um *alle* alten Kirchen, in denen die Apostel gewirkt haben. Dort durfte man damals noch davon ausgehen, dass die Lehre unverfälscht vorhanden war. Warum damals? Weil man deutlich sieht, dass sich in den folgenden Jahrhunderten bis heute viel verändert hat. Darum ist auch das Argument der apostolischen Nachfolge nicht tragfähig. Erinnern wir uns, dass selbst der gegenwärtige Papst offen leugnet, dass Christus der einzige Weg zu Gott ist (Johannes 14,6).

*„**Weil es aber zu weitläufig wäre**, in einem Werke wie dem vorliegenden die apostolische Nachfolge aller Kirchen aufzuzählen, **so werden wir nur die apostolische Tradition und Glaubenspredigt der größten und ältesten und allbekannten Kirche**, die von den beiden ruhmreichen Aposteln Petrus und Paulus zu Rom gegründet und gebaut ist, **darlegen**, wie sie durch die Nachfolge*

ihrer Bischöfe bis auf unsere Tage gekommen ist. So widerlegen wir alle, die wie auch immer aus Eigenliebe oder Ruhmsucht oder Blindheit oder Missverstand Konventikel gründen. **Mit der römischen Kirche nämlich muss wegen ihres besonderen Vorranges jede Kirche übereinstimmen,** *d. h. die Gläubigen von allerwärts, denn in ihr ist immer die apostolische Tradition bewahrt von denen, die von allen Seiten kommen.*" (Gegen die Häresien III,3,2).

Irenäus hebt Rom deshalb hervor, weil Petrus und Paulus dort wirkten *und um Platz zu sparen!* Keineswegs war es seine Absicht, Rom einen Vorrang zu geben, oder Petrus über alle anderen Apostel zu stellen, wie dies die katholische Kirche getan hat. Im Gegenteil:

„Dasselbe hat auch Polykarp immer gelehrt, wie er es von den Aposteln gelernt und der Kirche es überliefert hatte, und wie es auch allein die Wahrheit ist. *Er war nicht allein von den Aposteln unterrichtet und hatte noch mit vielen verkehrt, die unsern Herrn Christus gesehen haben, sondern war von den Aposteln auch zum Bischof von Smyrna für Kleinasien eingesetzt worden.*" (Gegen die Häresien III,3,4).

Und weiter:

„Angesichts solcher Beweise darf man nicht lange bei andern nach der Wahrheit suchen. Ohne Mühe kann man sie von der Kirche in Empfang nehmen. In sie haben die Apostel wie in eine reiche Schatzkammer auf das vollständigste alles hineingetragen, was zur Wahrheit gehört, so dass jeder, der will, aus ihr den Trunk des Lebens schöpfen kann. Sie ist der Eingang zum Leben; alle übrigen sind „Räuber und Diebe". Diese muss man deshalb meiden, alles aber, was zur Kirche gehört, auf das innigste lieben und die Überlieferung der Wahrheit umklammern. **Sollte jedoch über eine unbedeutende Frage ein Zwiespalt entstehen, dann muss man auf die ältesten Kirchen zurückgehen, in denen die Apostel**

gewirkt haben, und von ihnen die klare und sichere Entscheidung über die strittige Frage annehmen. Hätten nämlich die Apostel nichts Schriftliches uns hinterlassen, dann müsste man eben der Ordnung der Tradition folgen, die sie den Vorstehern der Kirchen übergeben haben." (Gegen die Häresien III,4,1).

„Da also die apostolische Tradition, wie gesagt in der Kirche ist und bleibt, **so wollen wir zurückkehren zu dem Beweis aus den Schriften der Apostel,** die das Evangelium verfasst haben, indem wir aus dem, was sie als Lehre über Gott geschrieben haben, den Nachweis führen, dass unser Herr Jesus Christus die Wahrheit, und dass keine Lüge in ihm ist." (Gegen die Häresien III,5,1).

Kurz: Es geht um die ältesten Kirchen, nicht um Rom allein. Warum? Weil damals die schwerwiegenden Veränderungen (z.B. Kindertaufe) noch nicht geschehen sind. Je weiter wir zur Quelle zurückgehen, desto reiner wird das Wasser.

In der Folge führt Irenäus aus, was die Heilige Schrift über den Herrn Jesus lehrt, denn die Apostel haben uns alles Nötige schriftlich hinterlassen, um Ihn kennen zu lernen. Um Ihn geht es, um nichts und niemanden sonst. So sehen wir, dass gerade im Unfehlbarkeitsdogma Irenäus sinnentstellt zitiert worden ist und dieses im direkten Widerspruch zum Glauben der ersten Kirche steht. Wir brauchen uns also von den päpstlichen Behauptungen nicht einschüchtern zu lassen – was durchaus deren Ziel ist! – sondern können, wie Irenäus, der in der Bibel vollständig enthaltenen apostolischen Lehre vertrauen.

Darum ist Reformation möglich! Denn wir haben einen objektiven und zuverlässigen Standard, an dem wir uns orientieren können. „Kirche wie damals" kann auch heute verwirklicht werden.

Sieben Merkmale der ersten Gemeinde

Wann hat die Gemeinde begonnen? Alle Kirchen verweisen hier auf das erste Pfingsten, 50 Tage nach der Auferstehung des Herrn Jesus. Das war der Tag, an dem gemäß der Verheißung der Heilige Geist auf die Schar der Jünger kam und der Neue Bund de facto in Kraft trat. Plötzlich konnten diese die Sprachen der Völker der Welt sprechen, und die Juden aus der Diaspora, die zu diesem jüdischen Festtag nach Jerusalem pilgerten, konnten diese verstehen. Die Verwirrung war groß:

„Als nun dieses Getöse entstand, kam die Menge zusammen und wurde bestürzt; denn jeder hörte sie in seiner eigenen Sprache reden. Sie entsetzten sich aber alle, verwunderten sich und sprachen zueinander: Siehe, sind diese, die da reden, nicht alle Galiläer? Wieso hören wir sie dann jeder in unserer eigenen Sprache, in der wir geboren wurden? Parther und Meder und Elamiter und wir Bewohner von Mesopotamien, Judäa und Kappadocien, Pontus und Asia; Phrygien und Pamphylien, Ägypten und von den Gegenden Libyens bei Kyrene, und die hier weilenden Römer, Juden und Proselyten, Kreter und Araber – wir hören sie in unseren Sprachen die großen Taten Gottes verkünden! Und sie entsetzten sich alle und gerieten in Verlegenheit und sprachen einer zum anderen: Was soll das wohl sein? Andere aber spotteten und sprachen: Sie sind voll süßen Weines!" (Apostelgeschichte 2,6-13).

Warum dieses Zeichen? Weil der Neue Bund Israel gewissermaßen neu konstituiert. Nun geht es nicht länger um die biologische Abstammung von Abraham, sondern dass man durch den Glauben an den Sohn Gottes zu Kindern Abrahams wird, neu geboren aus Wasser und Geist. Christus ist damit der Begründer einer neuen Menschheit geworden, welche Menschen aus allen Völkern, Stämmen, Sprachen und Nationen umfassen soll. Darum waren an diesem ersten Pfingsttag die Sprachen der nichtjüdischen Nationen aus den Mündern der vorwiegend aus Galiläa stammenden Jünger zu hören. Die Verwirrung brauchte eine Auflösung, und so begann Petrus dieses Ereignis aus den Propheten und den Psalmen zu erklären und verkündete die Auferstehung Jesu Christi aus den Toten. Die zentrale Aussage kam dabei am Ende seiner Ansprache:

„Diesen Jesus hat Gott auferweckt; dafür sind wir alle Zeugen. Nachdem er nun zur Rechten Gottes erhöht worden ist und die Verheißung des Heiligen Geistes empfangen hat von dem Vater, hat er dies ausgegossen, was ihr jetzt seht und hört. Denn nicht David ist in den Himmel aufgefahren, sondern er sagt selbst: »Der Herr sprach zu meinem Herrn: Setze dich zu meiner Rechten, bis ich deine Feinde hinlege als Schemel für deine Füße.«

So soll nun das ganze Haus Israel mit Gewissheit erkennen, dass Gott Ihn sowohl zum Herrn als auch zum Christus gemacht hat, eben diesen Jesus, den ihr gekreuzigt habt!" (Apostelgeschichte 2,32-36).

Das hat gesessen, denn viele unter seinen Zuhörern haben wohl selbst lautstark die Kreuzigung Jesu gefordert, nachdem sie sich von den Hohepriestern, Schriftgelehrten und Pharisäern haben aufwiegeln lassen. Wir wären an ihrer Stelle ebenso erschüttert gewesen:

„Als sie aber das hörten, drang es ihnen durchs Herz, und sie sprachen zu Petrus und den übrigen Aposteln: Was sollen wir tun, ihr Männer und Brüder?" (Apostelgeschichte 2,37).

Kann man das Geschehene ungeschehen machen? Nein, aber dieses Ereignis der Kreuzigung und der Auferstehung war von Gott so geplant und vollzogen, so hat Er den Grundstein der Gemeinde gelegt, den Eckstein, der von den Bauleuten (Israels Obrigkeit) verworfen worden war. Auf diesen nun – eben jenes Bekenntnis des Petrus, dass Er der Sohn Gottes und Messias (= Christus) Israels sei – soll die Gemeinde gebaut werden, und zwar aus Menschen, die aus Wasser und Geist neu geboren werden:

„Da sprach Petrus zu ihnen: Tut Buße, und jeder von euch lasse sich taufen auf den Namen Jesu Christi zur Vergebung der Sünden; so werdet ihr die Gabe des Heiligen Geistes empfangen. Denn euch gilt die Verheißung und euren Kindern und allen, die ferne sind, so viele der Herr, unser Gott, herzurufen wird.

Und noch mit vielen anderen Worten gab er Zeugnis und ermahnte und sprach: Lasst euch retten aus diesem verkehrten Geschlecht! Diejenigen, die nun bereitwillig sein Wort annahmen, ließen sich taufen, und es wurden an jenem Tag etwa 3.000 Seelen hinzugetan.“ (Apostelgeschichte 2,38-41).

Zu den 120 Jüngern kamen so auf einen Schlag 3.000 Menschen hinzu. Plötzlich war die Gemeinde Gottes entstanden, gewissermaßen aus dem Nichts durch eine Machtwirkung des Heiligen Geistes. Wir sehen hier wieder bestätigt, dass es eine freie Entscheidung sein muss, sich taufen zu lassen, und dass dieser Taufe ein Sinneswandel (Buße) vorausgehen muss. Der Glaube an Jesus Christus ändert alles! Die Entscheidung am Karfreitag, als sie Seine Kreuzigung forderten, schien ihnen damals so richtig und gerecht; nun dreht sich das um 180°: Es war falsch und ungerecht. Gott hat Christus durch die Auferstehung gerechtfertigt und als König Israels bestätigt, und dieses Israel ist nun größer als das leiblich von Abraham abstammende. Dieses Israel wird den ganzen Erdkreis erfüllen und nicht mehr auf den schmalen Landstreifen zwischen Jordan und Mittelmeer beschränkt sein.

Er ist König und Herr, und damit gibt es eine neue Ordnung, neue Gebote und Regeln, eine neue Vision, welche unser bisheriges Leben auf den Kopf stellt. Was wir von unseren Eltern, unserer Kultur oder aus eigenem Antrieb gelernt und getan haben, wird nun in das Licht dieses Neuen Bundes gestellt, hinterfragt und abgelegt. Ein völlig neues Leben wird geschenkt, ein völlig neuer Lebenswandel erlernt. Es erfolgt eine Trennung, die viele Kirchen (die meisten) nicht verstehen:

„Und noch mit vielen anderen Worten gab er Zeugnis und ermahnte und sprach: Lasst euch retten aus diesem verkehrten Geschlecht!" (Apostelgeschichte 2,40).

Paulus schreibt es so:

„Darum geht hinaus von ihnen und sondert euch ab, spricht der Herr, und rührt nichts Unreines an! Und ich will euch aufnehmen, und ich will euch ein Vater sein, und ihr sollt mir Söhne und Töchter sein, spricht der Herr, der Allmächtige." (2. Korinther 6,17-18).

Und der Herr Jesus sagte von den Seinen:

„Sie sind nicht von der Welt, gleichwie auch ich nicht von der Welt bin. Heilige sie in deiner Wahrheit! Dein Wort ist Wahrheit." (Johannes 17,16-17).

Die meisten Kirchen heute verstehen sich als wichtiger Teil der Gesellschaft, in der sie leben, wollen „gesellschaftsrelevant" sein, doch die Kirche Jesu Christi soll von der Gesellschaft abgesondert leben, ein Gegenmodell, eine Gegenkultur zur Welt um sie herum sein. Sie bilden eine Gemeinschaft, die nach ganz anderen Grundsätzen lebt, in denen die wesentlichen Merkmale des Reiches Gottes bereits in dieser Welt sichtbar werden sollen.

Der Anfang der Gemeinde in Jerusalem bildet dabei das Muster, an dem sich alle Gemeinden orientieren sollen. Das ist die Gemeinde, die unmittelbar durch das Wirken des Heiligen Geistes gegründet wurde, und ihr Lebensstil ist maßgeblich. Was nützt es also, wenn man sich als Kirche darauf beruft, geschichtlich von dieser Gemeinde abzustammen, aber nicht mehr lebt wie diese? Der Unterschied zwischen den allermeisten Kirchen und Gemeinden heute und der Jerusalemer „Urgemeinde" ist erstaunlich groß:

„Und sie blieben beständig in der Lehre der Apostel und in der Gemeinschaft und im Brotbrechen und in den Gebeten.

Es kam aber Furcht über alle Seelen, und viele Wunder und Zeichen geschahen durch die Apostel. Alle Gläubigen waren aber beisammen und hatten alle Dinge gemeinsam; sie verkauften die Güter und Besitztümer und verteilten sie unter alle, je nachdem einer bedürftig war. Und jeden Tag waren sie beständig und einmütig im Tempel und brachen das Brot in den Häusern, nahmen die Speise mit Frohlocken und in Einfalt des Herzens; sie lobten Gott und waren angesehen bei dem ganzen Volk. Der Herr aber tat täglich die zur Gemeinde hinzu, die gerettet wurden." (Apostelgeschichte 2,42-47).

Was den ersten Absatz betrifft (Lehre der Apostel, Gemeinschaft, Brotbrechen und Gebete), so findet man das mehr oder weniger treu ausgeprägt noch in allen Kirchen. Was aber ist mit dem Rest? Was ist „Gemeinschaft"? Insgesamt sind es sieben Merkmale, welche die erste Gemeinde kennzeichnete und alle Kirchen bis heute kennzeichnen sollten:

1. Es sollte die Lehre der Apostel gepredigt werden, und nichts anderes. Es geht um den ein für alle Mal überlieferten Glauben.
2. Die Kirche sollte eine Gemeinschaft sein, in der ein in Liebe gegründeter Zusammenhalt herrscht.
3. Das Brotbrechen (Mahl des Herrn, Eucharistie) sollte den Herrn Jesus regelmäßig bewusst ins Zentrum stellen.
4. Sie sollten täglich zusammenkommen.

5. Sie sollten ein anhaltendes Gebetsleben führen.
6. Sie sollten alle ihre Güter untereinander teilen.
7. Sie sollten gemeinsam essen.

Kennst du Gemeinden, die das heute noch praktizieren? Es gibt einige, aber nicht sehr viele; das heißt, die allermeisten Kirchen sind von der „Urkirche" abgewichen und damit nicht mehr apostolisch. Wie genau das alles gemacht wurde, ist uns nicht beschrieben, aber die Haltung, welche dazu antreibt:

„Und die Menge der Gläubigen war ein Herz und eine Seele; und auch nicht einer sagte, dass etwas von seinen Gütern sein eigen sei, sondern alle Dinge waren ihnen gemeinsam." (Apostelgeschichte 4,32).

Geht man heute in einen Gottesdienst, wie im ersten Kapitel beschrieben, so sitzen die wenigen Gottesdienstbesucher meist mit großem Abstand zueinander, verfolgen eine „Vorführung" und gehen hungrig nach Hause. Die urchristliche Gütergemeinschaft ist lange schon aufgegeben, und die Armen werden staatlich oder kirchlich institutionalisierter Fürsorge anvertraut. Man kommt auch nicht mehr täglich zusammen, sondern bestenfalls sonntags oder „alle heiligen Zeiten". Die Kirchen sind zum allergrößten Teil unkenntlich geworden.

Welch ein Kontrast! Anstelle einer familiären, heimeligen Atmosphäre trat eine kalte, kunstvoll gestaltete Halle und Riten, die wohl Ehrfurcht zu vermitteln vermögen, aber gleichzeitig eine Distanz zwischen „Zelebranten" (die Priester) und „Kommunikanten" (die Teilnehmer) schaffen. Man wurde zu Gottesdienstbesuchern, sieht sich aber nicht mehr als Teil einer lebendigen und herzlichen Gemeinschaft. Das fügt sich zwar bestens zu dem, was man unter „Religion" verstehen mag, aber es ist nicht mehr „Kirche wie damals".

Die Petruskirche in Kapernaum ist eine moderne franziskanische Pilgerkirche. Sie wurde über den Grundmauern einer byzantinischen Basilika errichtet, die man im 5. Jahrhundert über dem Wohnhaus des Petrus (bzw. seiner Schwiegermutter) erbaute. In der Mitte befindet sich eine Öffnung, die einen Blick auf die Ausgrabungen bietet. Bevor die Basilika errichtet wurde, war es eine Hauskirche. Über mehreren alten Wohnhäusern, in denen die Christen sich ursprünglich versammelten und die oben beschriebene Gemeinschaft lebten, wurden später prächtige Kirchen errichtet, die für solch ein Gemeinschaftsleben gänzlich ungeeignet sind. Man muss sehr tief „graben", um die Kirche, wie sie damals war, wiederzuentdecken. (Bild: Wikipedia, Petruskirche).

3. Zeuge:
Johannes Cassian (360-435)
Es soll sein wie am Anfang!

Das ist vielen ernsthaften Christen natürlich immer wieder aufgefallen, und sie machten sich darüber Gedanken. Manche versuchten, Reformen durchzuführen (etwa die Waldenser im Mittelalter oder die Täuferbewegung) und wurden aus der Kirche deswegen ausgestoßen und verfolgt. Andere versuchten es innerkirchlich, meistens durch Klostergründungen. Einer der frühen Mönchsväter, Johannes Cassian (360-435), schrieb:

*„Die Regel der Cönobiten [eine frühe Mönchsbewegung] nun nahm ihren Anfang von der Predigt der Apostel; denn es war in Jerusalem jene ganze Menge der Gläubigen von dieser Art, **wovon in der Apostelgeschichte so geschrieben steht:** „Die Menge der Gläubigen war ein Herz und eine Seele, und Niemand nannte etwas von Dem, was er besaß, sein eigen, sondern es war ihnen alles gemeinsam.“ Sie verkauften ihre Besitztümer und ihre Habe und verteilten unter alle, wie es jedem nötig war.“ Und wieder: „Auch war kein Dürftiger unter ihnen; denn alle, welche Besitzer von Äckern oder Häusern waren, verkauften sie und brachten den Erlös für das Verkaufte und legten ihn zu den Füßen der Apostel nieder: ausgeteilt aber wurde jedem, wie er es nötig hatte.“*

***Damals also war die ganze Kirche so beschaffen,** wie man jetzt nur wenige mit Mühe in den Klöstern findet. Aber nach dem Hingange der Apostel fing die Menge der Gläubigen an, lau zu werden, besonders jene, welche zumeist von fremden und verschiedenen Heidenvölkern her zum Glauben Christi zuströmten, und von welchen die Apostel wegen ihrer Neuheit im Glauben und der veralteten heidnischen Gewohnheiten nichts verlangen, als dass sie von den Götzenopfern,* von der Unzucht, dem Erstickten und vom Blut sich enthalten sollten. Doch diese Freiheit, welche den Heroen wegen der Schwäche des ersten Glaubens vergönnt wurde, fing allmählich auch an, die Vollkommenheit der Kirche von Jerusalem zu beflecken, und es erkaltete bei dem täglichen Zuwachs an Eingeborenen und Fremden jene erste Glaubensglut.

Da ließen nicht nur jene, welche zum Glauben Christi herbeiströmten, sondern auch diejenigen, welche die Vorsteher der Kirche waren, von solcher Strenge ab. Denn manche glaubten, dass das, was sie den Heiden wegen ihrer Schwäche zugestanden sahen, auch ihnen erlaubt sei, und meinten, sie würden keinen Schaden leiden, wenn sie **im Besitze von Hab und Gut dem Glauben und Bekenntnis Christi folgen** würden.

Diejenigen aber, welchen noch der apostolische Eifer innewohnte, gingen eingedenk jener früheren Vollkommenheit hinweg von ihren Städten und der Umgebung jener, die da glaubten, dass die Sorglosigkeit eines freien Lebens ihnen und der Kirche Gottes erlaubt sei, wohnten auf dem Lande und in verborgenen Gegenden und fingen an, das, **was nach ihrer Erinnerung von den Aposteln allgemein für den ganzen Leib der Kirche eingesetzt war,** für sich und getrennt zu üben; und so erstarkte die genannte Schule von Jüngern, welche sich von der befleckenden Berührung mit den andern getrennt hatten. Diese wurden nach und nach im Verlaufe der Zeit in ihrer Trennung von den Scharen der Gläubigen, deshalb, weil sie sich der Ehe enthielten und von dem Umgang mit den Eltern und dem Verkehr mit dieser Welt sich lossagten, Mönche oder Monazontes genannt, wegen der Strenge ihres besonderen und einsamen Lebens.

Daraus folgte, dass sie wegen ihres gemeinschaftlichen Zusammenlebens Cönobiten, und ihre Zellen und Wohnhäuser Cönobien hießen. Das war also allein die älteste Art der Mönche, war nicht nur der Zeit, sondern auch der Gnade nach die *erste, und dauerte durch sehr viele Jahre unentstellt bis zu den Zeiten des Abtes Paulus oder Antonius. Ihre Spuren sehen wir auch jetzt noch in strengen Klöstern vorhanden."* (24 Unterredungen mit den Vätern Kp. 18,5)

Freilich gingen die Mönche mit ihrer ehelichen Enthaltsamkeit deutlich über die apostolische Lehre hinaus (obwohl das eine legitime Option des Evangeliums ist). Man muss auch kein strikt kommunitäres Leben führen, um die Grundsätze des Reiches Gottes zu verwirklichen, obwohl es hilft. Die meist sehr zerstreute Wohnsituation der Gläubigen heute stellt nämlich ein veritables Hindernis für die Praxis der Gemeinschaft dar. So waren die Reformbemühungen der ersten Mönche durchaus folgerichtig. Woran orientierten sie sich? An der Jerusalemer Gemeinde, wie sie zu Pfingsten durch den Heiligen Geist ins Leben gerufen wurde.

Wenn der Herr Jesus uns nun aufruft, zur ersten Liebe zurückzukehren und die ersten Werke zu tun, sind nicht gerade die Werke der „Urkirche" die ersten Werke? Welche sonst? Was war das Leben der Christen am Anfang? Genau das. Und das war es noch bis ans Ende des zweiten Jahrhunderts.

4. Zeuge:
Die Didaché (um 80 n.Chr.)
Das normale Gemeindeleben

Landauf, landab entstanden im ersten Jahrhundert Gemeinden, die eine Anleitung zum christlichen Leben brauchten. Sie wuchsen buchstäblich wie Pilze aus dem Boden, waren eine „Grassroots"-Bewegung. Das Neue Testament wurde erst geschrieben, und war noch nicht überall vollständig verfügbar, so wurde irgendwann zwischen 60 und 100 für junge Gemeinden eine Art Gemeindeordnung geschrieben, an der sie sich orientieren konnten. „Die Lehre der 12 Apostel" (Didaché) fasste dabei die Eckpunkte zusammen und fand weite Verbreitung. Sie war sogar ein Kandidat für den neutestamentlichen Kanon, erfreute sich also breiter Anerkennung. Ich will einige Auszüge daraus vorlegen, die den maßgeblichen Lebensstil der Jerusalemer Gemeinde bestätigen:

„Mein Kind, Tag und Nacht sollst du dessen gedenken, der dir Gottes Wort verkündet, ehren sollst du ihn wie den Herrn; denn woher seine Herrlichkeit verkündet wird, da ist der Herr. Täglich sollst du das Antlitz der Heiligen suchen, damit du Ruhe findest durch ihre Worte." (Didaché 4,1-2).

Die Lehre der Apostel soll also ein Herzens- und Gebetsanliegen für alle Gläubigen sein. Täglich sollen sie zusammenkommen.

„Wende dich nicht ab von dem Bedürftigen, teile vielmehr alles mit deinem Bruder und nenne nichts dein Eigen; denn wenn ihr die unvergänglichen Güter euch teilet, um wie viel mehr die vergänglichen?" (Didaché 4,8).

Der anonyme Autor spielt hier auf den Beistand der Gemeinden untereinander an, von der Paulus im Römerbrief schreibt, als auch in Rom für die in Not geratene Jerusalemer Gemeinde gesammelt wurde:

„Es hat nämlich Mazedonien und Achaja gefallen, eine Sammlung für die Armen unter den Heiligen in Jerusalem zu veranstalten; es hat ihnen gefallen, und sie sind es ihnen auch schuldig; denn wenn die Heiden an ihren geistlichen Gütern Anteil erhalten haben, so sind sie auch verpflichtet, jenen in den leiblichen zu dienen." (Römer 15,26-27).

Der Grundsatz gilt: Wir haben Gemeinschaft in allen geistlichen Dingen, wie vielmehr also in allen zeitlichen! An diesem Grundsatz hielten damals alle Gemeinden fest, wie die Didaché eindrucksvoll bezeugt.

„Bezüglich der Taufe haltet es so: Wenn ihr all das Vorhergehende gesagt habt, taufet auf den Namen des Vaters und des Sohnes und des Heiligen Geistes in fließendem Wasser. Wenn du aber kein fließendes Wasser hast, dann taufe in einem anderen Wasser; wenn du es nicht in kaltem tun kannst, tue es im warmen. Wenn du beides nicht hast, gieße dreimal Wasser auf den Kopf auf den Namen des Vaters und des Sohnes und des Heiligen Geistes. Vor der Taufe soll fasten der Taufende, der Täufling und wer sonst kann; den Täufling lasse ein oder zwei Tage zuvor fasten." (Didache 7,1-4).

Hier wird nicht nur die „trinitarische Taufformel" bestätigt, welche von einigen Freikirchen abgelehnt wird (sie taufen nur auf den Namen Jesu), sondern auch eine gewisse Flexibilität, was den Taufvollzug betrifft, bezeugt. In der Regel taufte man durch dreimaliges (!) Untertauchen, war dazu nicht genug Wasser vorhanden, war auch dreifaches Übergießen möglich. Heute kennen die meisten die Taufe nur als ein zartes Beträufeln des Kopfes. Das ist eine Verfremdung. Auch wird an diesem Zeugnis klar, dass der Taufe eine Unterweisung im Evangelium vorausgehen muss, sowie Gebet, Fasten und Sündenbekenntnis. Somit bestätigt die Didaché, dass niemals an die Taufe unmündiger Kinder gedacht war.

Die Eucharistiefeier (Eucharistie heißt Danksagung) war in eine volle Mahlzeit eingebettet und rahmte diese gewissermaßen ein:

*„Bezüglich der Eucharistie haltet es so: Zunächst in Betreff des Kelches: Wir danken Dir, unser Vater, für den heiligen Weinstock Davids, Deines Knechtes, den Du uns zu erkennen gabst durch Jesus, Deinen Knecht; Dir sei die Ehre in Ewigkeit. Und in Betreff des gebrochenen Brotes: Wir danken Dir, unser Vater, für das Leben und die Erkenntnis, die Du uns zu erkennen gabst durch Jesus, Deinen Knecht; Dir sei die Ehre in Ewigkeit. Wie dieses gebrochene Brot auf den Bergen zerstreut war und zusammengebracht eins wurde, so möge Deine Gemeinde von den Enden der Erde zusammengebracht werden in Dein Reich; denn Dein ist die Ehre und die Macht durch Jesus Christus in Ewigkeit. **Aber keiner darf essen oder trinken von eurer Eucharistie, außer die auf den Namen des Herrn getauft sind.** Denn auch hierüber hat der Herr gesagt: „ihr sollt das Heilige nicht den Hunden geben".*

Wenn ihr aber gesättigt seid, *danket also: Wir danken Dir, Heiliger Vater, für Deinen heiligen Namen, dessen Wohnung Du in unseren Herzen bereitet hast, und für die Erkenntnis und den Glauben und die Unsterblichkeit, die Du uns zu erkennen gabst durch Jesus Deinen Knecht; Dir sei die Ehre in Ewigkeit. Du allmächtiger Herrscher, hast alles erschaffen um Deines Namens willen, hast **Speise und Trank gegeben den Menschen zum Genuss,** damit sie Dir danken; uns aber hast Du geschenkt **eine geistige Speise, einen geistigen Trank** und ein ewiges Leben durch Deinen Knecht. Vor allem danken wir Dir, weil Du mächtig bist; Dir sei die Ehre in Ewigkeit. Gedenke, o Herr, Deiner Gemeinde, dass Du sie* *erlösest von allem Übel und sie vollkommen machest in Deiner Liebe, führe sie zusammen von den vier Winden, die Geheiligte, in Dein Reich, das Du ihr bereitet hast; denn Dein ist die Macht und die Ehre in Ewigkeit. Es soll kommen die Gnade und vergehen diese Welt. Hosanna dem Gotte Davids! Ist einer heilig, so soll er kommen; ist er's nicht, so soll er sich bekehren, maranatha [d.h. „Unser Herr komm!"], Amen."* (Didaché 9,1-10,6).

Die Gemeinden, die die Didaché als Anleitung erhielten und befolgten, lebten also nach denselben Grundsätzen wie die Jerusalemer Gemeinde. Diese ist die erste Gemeinde, gegründet durch den Heiligen Geist, welche zum Vorbild für alle weiteren Gemeinden bis zur Wiederkunft des Herrn gegeben ist. Auch das gehört zum ein für alle Mal überlieferten Glauben.

Die Familie Gottes

Im Grunde ist das urkirchliche Gemeindeverständnis familiär, einem Haushalt vergleichbar, in dem man das Leben teilt, nicht bloß einen Glauben oder ein formales Glaubensbekenntnis. Paulus beschreibt es in folgenden Worten:

*„So seid ihr nun nicht mehr Fremdlinge ohne Bürgerrecht und Gäste, sondern Mitbürger der Heiligen und **Gottes Hausgenossen,** auferbaut auf der Grundlage der Apostel und Propheten, während Jesus Christus selbst der Eckstein ist, in dem der ganze Bau, zusammengefügt, wächst zu einem heiligen Tempel im Herrn, in dem auch ihr miterbaut werdet zu einer Wohnung Gottes im Geist."* (Epheser 2,19-20).

Beim Begriff „Tempel" denken wir an einen ausgeschmückten, heiligen Sakralbau, wenn aber von Hausgenossen die Rede ist, so geht es um einen Haushalt, um eine Familie. Wie passt das zusammen? In etwa so, wie Prince Williams Kinder in den königlichen Palästen aufwachsen und daheim sind. Sie gehen im Windsor Castle aus und ein, wie andere in der elterlichen Wohnung im vierten Stock eines Mietshauses. Christen sind Kinder Gottes geworden und wohnen daher bei ihrem Vater. Sein Haus ist der Tempel, aber dieser ist nicht auf der Erde erbaut, sondern himmlisch. Im himmlischen Jerusalem.

„Denn durch ihn [Christus] haben wir beide den Zutritt zu dem Vater in einem Geist." (Epheser 2,18).

Wie funktioniert ein Haushalt? Was bedeutet es, Hausgenosse und Familienmitglied zu sein? Das weiß praktisch jeder, und von dieser unmittelbaren Erfahrung her müssen wir Gemeinde verstehen. Der Vater sammelt seine Kinder um sich, wie der Vater im Gleichnis des verlorenen Sohnes, der den Heimkehrer freudig wieder aufnahm und dem „braven" Sohn, der sich über dessen Barmherzigkeit ärgerte, sagte:

„Mein Sohn, du bist allezeit bei mir, und alles, was mein ist, das ist dein." (Lukas 15,31).

Das ist eine gewaltige Aussage, und doch völlig natürlich, denn wenn wir bei unseren Eltern leben, haben wir Anteil an allen Gütern des Haushalts. Wir erfahren Liebe und Geborgenheit, bekommen unsere tägliche Versorgung, haben unsere Aufgaben im Haushalt. Nicht anders ist es in Gottes Familie. Unser Herr Jesus sagte:

„Ich bitte für sie; nicht für die Welt bitte ich, sondern für die, welche du mir gegeben hast, weil sie dein sind. Und alles, was mein ist, das ist dein, und was dein ist, das ist mein; und ich bin in ihnen verherrlicht. … Ich bitte aber nicht für diese allein, sondern auch für die, welche durch ihr Wort an mich glauben werden, auf dass sie alle eins seien, gleichwie du, Vater, in mir und ich in dir; auf das auch sie in uns eins seien, damit die Welt glaube, dass du mich gesandt hast. Und ich habe die Herrlichkeit, die du mir gegeben hast, ihnen gegeben, auf dass sie eins seien, gleichwie wir eins sind, ich in ihnen und du in mir, damit sie zu vollendeter Einheit gelangen, und damit die Welt erkenne, dass du mich gesandt hast und sie liebst, gleichwie du mich liebst." (Johannes 17,9-10.20-23)

Verstehen wir, was hier gesagt wird? So wie in einer Familie eine tiefe und innige Einheit besteht, die u.a. beinhaltet, dass alle Güter untereinander geteilt werden, indem der Vater diese jedem austeilt, so ist es auch zwischen dem himmlischen Vater und Seinem Sohn Jesus Christus. Dabei bleibt es aber nicht stehen: Jeder Christ wird in diese himmlische Familie aufgenommen und Teil der göttlichen Familiengemeinschaft, in der alle aus der Reichtumsfülle des Vaters leben. Wenn der Vater und der Sohn alles gemeinsam haben, so auch wir.

Die Gütergemeinschaft jagt vielen Christen einen fürchterlichen Schrecken ein, denn dann müssten sie ja von ihrem hart erworbenen Besitz loslassen! Wovon sollen sie dann leben? Was essen? Womit sich kleiden? (vgl. Matthäus 6,25-34). Doch genau das ist notwendig, um ein Jünger des Herrn zu werden:

„So kann auch keiner von euch mein Jünger sein, der nicht allem entsagt, was er hat." (Lukas 14,33).

Wir können nicht gleichzeitig Gott und dem Mammon dienen (Matthäus 6,24). Als der Herr Jesus den reichen jungen Mann dazu aufforderte, seinen Besitz an die Armen zu verteilen, ging dieser traurig weg. Die Jünger waren entsetzt:

„Da begann Jesus wiederum und sprach zu ihnen: Kinder, wie schwer ist es für die, welche ihr Vertrauen auf Reichtum setzen, in das Reich Gottes hineinzukommen! Es ist leichter, dass ein Kamel durch das Nadelöhr geht, als dass ein Reicher in das Reich Gottes hineinkommt. Sie aber entsetzten sich sehr und sprachen untereinander: Wer kann dann überhaupt errettet werden? Jesus aber blickte sie an und sprach: Bei den Menschen ist es unmöglich, aber nicht bei Gott! Denn bei Gott sind alle Dinge möglich." (Markus 10,24-27).

Ja, da geht es an die Substanz! Nur mit Gottes Hilfe und im Vertrauen auf Ihn kann es uns gelingen. Das aber ist Teil der geforderten Sinnesänderung, unsere Haltung zu Geld und Besitz (Mammon) muss radikal verändert werden. Die Jünger Jesu waren bereits auf dem Weg, sie haben bereits alles verlassen, und darauf weist Petrus hin:

„Da begann Petrus und sprach zu ihm: Siehe, wir haben alles verlassen und sind dir nachgefolgt! Jesus aber antwortete und sprach: Wahrlich, ich sage euch: Es ist niemand, der Haus oder Brüder oder Schwestern oder Vater oder Mutter oder Frau oder Kinder oder Äcker verlassen hat um meinetwillen und um des Evangeliums willen, der nicht hundertfältig empfängt, jetzt in dieser Zeit Häuser und Brüder und Schwestern und Mütter und Kinder und Äcker unter Verfolgungen, und in der zukünftigen Weltzeit ewiges Leben." (Markus 10,28-30).

Wir fallen nicht in ein tiefes Loch der Unsicherheit, wenn wir allem absagen. All unser Mangel wird vom Vater ausgefüllt, aber dies geschieht durch und in der Gemeinde. Hier wird für alles gesorgt, weil wir alles teilen, und in der Regel haben wir dann ein Vielfaches dessen, was wir zuvor hatten – besonders, wenn wir zu den Armen gehörten. Gott *gibt der Gemeinde* alles zum Leben Nötige und erwartet von uns, dass wir von Liebe getrieben, all dies untereinander teilen. Das ist Familie. So geht es im Idealfall in menschlichen Familien zu, doch ohne Abstriche in der himmlischen, wenn die Jünger dem Weg Jesu folgen.

Ich gebe zu, dass das Evangelium für die Armen eine frohere Botschaft ist als für die Reichen. So sagt es der Herr selbst:

„Blinde werden sehend und Lahme gehen, Aussätzige werden rein und Taube hören, Tote werden auferweckt, und Armen wird das Evangelium verkündigt." (Matthäus 11,5).

Den Reichen wird es auch verkündigt, aber sie hören es nicht so gerne. Jakobus schreibt:

„Hört, meine geliebten Brüder: Hat nicht Gott die Armen dieser Welt erwählt, dass sie reich im Glauben würden und Erben des Reiches, das er denen verheißen hat, die ihn lieben?" (Jakobus 2,5).

Maria lobt Gott für Seine Zuwendung zu den Niedrigen:

„Er tut Mächtiges mit seinem Arm; er zerstreut, die hochmütig sind in der Gesinnung ihres Herzens. Er stößt die Mächtigen von ihren Thronen und erhöht die Niedrigen. Hungrige sättigt er mit Gütern, und Reiche schickt er leer fort." (Lukas 1,21-23).

Ein guter Vater wird seine Kinder gerecht behandeln, und dazu gehört der Ausgleich zwischen Reichen und Armen, Hohen und Niedrigen, Starken und Schwachen. Natürlich können die Reichen ebenso gerettet werden – indem sie mit den Armen teilen.

Wer jüngere Geschwister hat, kann sich sicher daran erinnern, wie die Eltern uns ermahnt haben, nachgiebig zu sein und mit dem kleinen Bruder zu teilen. Hatten wir nicht das Gefühl, das ist unfair? Warum wird vom Kleinen so viel weniger verlangt? Weil er der Kleine ist und noch nicht so kann. Menschliche Eltern machen natürlich viele Fehler, aber Gott der Vater ist vollkommen. So ist es gerecht und liebevoll, wenn die Starken die Schwachen tragen, die Reichen mit den Armen teilen, sodass – wie es heißt – ein Ausgleich entsteht (2. Korinther 8,14). Doch Familie ist noch mehr.

Weil Gott wahrhaftig Vater und Seine Gemeinde eine echte Familie ist, will Er mit den Seinen Gemeinschaft haben und auch die Mahlzeiten mit ihnen teilen. Hausgenossen sind auch Tischgenossen, und so nahm die gemeinsame Mahlzeit in der Kirche damals einen zentralen Platz ein. Man nannte sie „Agape" bzw. „Liebesmahl". Darum waren die Gemeinden auch in Hausgemeinschaften organisiert. Sie trafen sich nicht in Sakralbauten, sondern in Wohnhäusern und lebten zum Teil auch in solchen zusammen, zumindest in unmittelbarer Nachbarschaft. So konnten sie einander als Familie wahrnehmen und erfahren. Dass sie einander „Brüder" und

„Schwestern" nannten, war keine religiöse Floskel, sondern drückte das Bewusstsein familiärer Verbundenheit aus. Diese steht sogar über den Blutsbanden menschlicher Verwandtschaft.

Typische Kirchgänger heute werden zwar in der Liturgie noch als Brüder und Schwestern angeredet, sie reden einander jedoch nicht selbst so an. Das ist ein fremder Gedanke für sie. Sie empfinden Kirche auch nicht als Familie, weil sie gar nicht mehr so konzipiert ist. Sie haben in aller Regel auch keine neue Geburt erlebt, haben also Gott noch nicht zum Vater. Auch wenn sie treu jeden Sonntag das „Vater Unser" beten, sagt es ihnen nichts. Es ist ein leeres Ritual, das sie nicht verstehen.

Das familiäre Leben als Christen musste auch damals erst erlernt werden. Standesunterschiede mussten überwunden, Vorurteile abgelegt, harte Herzen weich werden. Darum war Paulus sehr streng mit den wohlhabenderen Korinthern, welche mit der gemeinsamen Mahlzeit bereits begonnen haben, ehe die ärmeren Taglöhner von der Feldarbeit dazu kamen. Was er beschreibt, ist beschämend:

„Wenn ihr nun am selben Ort zusammenkommt, so geschieht das doch nicht, um das Mahl des Herrn zu essen; denn jeder nimmt beim Essen sein eigenes Mahl vorweg, so dass der eine hungrig, der andere betrunken ist. Habt ihr denn keine Häuser, wo ihr essen und trinken könnt? Oder verachtet ihr die Gemeinde Gottes und beschämt die, welche nichts haben? Was soll ich euch sagen? Soll ich euch etwa loben? Dafür lobe ich euch nicht!" (1. Korinther 11,20-22).

Paulus meint nicht, dass *grundsätzlich* jeder für sich daheim essen sollte. Aber wenn einer meint, nicht warten zu können, dann soll er zuerst etwas daheim essen. Die Norm aber war, dass man gemeinsam essen sollte, und zwar so, dass die Armen nicht benachteiligt würden. Er ruft also zur Selbstbeherrschung auf:

„Darum, meine Brüder, wenn ihr zum Essen zusammenkommt, so wartet aufeinander! Wenn aber jemand hungrig ist, so esse er daheim, damit ihr nicht zum Gericht zusammenkommt." (1. Korinther 11,33-34).

Es gab noch andere Probleme mit der Tischgemeinschaft. Manche Judenchristen hielten an den alttestamentlichen Speisevorschriften fest und weigerten sich deshalb, mit Heidenchristen gemeinsam zu essen. Sogar Petrus ließ sich hier drängen, sich von den „Unbeschnittenen" zu trennen, was Paulus ihm vorwirft:

„Als aber Petrus nach Antiochia kam, widerstand ich ihm ins Angesicht, denn er war im Unrecht. Bevor nämlich etliche von Jakobus kamen, aß er mit den Heiden; als sie aber kamen, zog er sich zurück und sonderte sich ab, weil er die aus der Beschneidung fürchtete. Und auch die übrigen Juden heuchelten mit ihm, so dass selbst Barnabas von ihrer Heuchelei mit fortgerissen wurde. Als ich aber sah, dass sie nicht richtig wandelten nach der Wahrheit des Evangeliums, sprach ich zu Petrus vor allen: Wenn du, der du ein Jude bist, heidnisch lebst und nicht jüdisch, was zwingst du die Heiden, jüdisch zu leben?" (Galater 2,11-14).

Das gemeinsame Essen war vielleicht eine noch größere Hürde als die Gütergemeinschaft, doch es ist nicht verhandelbar, denn wir sind – Heidenchristen und Judenchristen zusammen – Hausgenossen Gottes und Tischgenossen am Tisch des Vaters. Wo das gemeinsame Essen vernachlässigt wird, entfremden sich die einzelnen Familienmitglieder häufig und der Zusammenhalt geht verloren.

Zur Tischgemeinschaft in Gottes Familie gehört auch ein ordentlicher Lebenswandel. Wer die Gemeinschaft nur ausnützen und sich aushalten lassen wollte, wurde dadurch zurechtgewiesen, dass man ihn von den gemeinsamen Mahlzeiten ausschloss:

„Denn als wir bei euch waren, geboten wir euch dies: Wenn jemand nicht arbeiten will, so soll er auch nicht essen! Wir hören nämlich, dass etliche von euch unordentlich wandeln und nicht arbeiten, sondern unnütze Dinge treiben. Solchen gebieten wir und ermahnen sie im Auftrag unseres Herrn Jesus Christus, dass sie mit stiller Arbeit ihr eigenes Brot verdienen. Ihr aber, Brüder, werdet nicht müde, Gutes zu tun! Wenn aber jemand unserem brieflichen Wort nicht gehorcht, den kennzeichnet und habt keinen Umgang mit ihm, damit er sich schämen muss; doch haltet ihn nicht für einen Feind, sondern weist ihn zurecht als einen Bruder." (2. Thessalonicher 3,10-15).

Es ist also keineswegs leicht, ein Herz und eine Seele zu werden. Es muss erlernt werden. Irdische Familien funktionieren auch nicht immer ideal, und in der Familie Gottes gab und gibt es leider immer wieder Uneinigkeit. Doch das Bewusstsein, Familie zu sein, fördert den Zusammenhalt und spornt uns an, diese Differenzen in Liebe zu lösen.

Die Kirche damals war also keine perfekte Gemeinde, aber sie war Familie. Wir weisen einander als Brüder und Schwestern zurecht, betrachten einander aber nicht als Feinde. Vereine oder politische Parteien kann man spalten, man kann nach Belieben bei- und austreten. Familien bleiben Familien. Wenn man Blutsbande schon nicht durchschneiden kann, wie viel weniger dann das Band des Geistes? Der himmlische Vater ist auch der Vater der ungezogenen und ungehorsamen Kinder, und Er will sie alle um Seinen

Tisch versammeln. Verstehen wir das, wird das unser Bemühen um Einheit stärken.

Es gibt eine Reihe bildhafter Beschreibungen der Gemeinde Gottes: Wir sind der Leib Christi, die Herde Gottes, ein Leuchter oder eine Stadt auf dem Berg, doch Familie Gottes zu sein, ist eine Realität. Die Braut Christi zu sein, ist eine Realität. Der Tempel aus lebendigen Steinen zu sein, ist eine Realität. Ein königliches Priestertum zu sein, ist eine Realität. Wir kommen auf die Bilder und Wirklichkeiten noch zurück. Nur in der Kirche, wie sie damals war und noch heute sein sollte, machen diese Beschreibungen Sinn, denn sie setzen voraus, dass die Gläubigen tatsächlich sind, was in der Schrift von ihnen gesagt wird: neugeborene Kinder Gottes.

Gottesdienst als Festfeier

Trotz aller Probleme ist die gemeinsame Mahlzeit als Festfeier gedacht. Ausdrücklich nennt Paulus sie so, und zwar in Anlehnung an das Passahmahl:

„Darum fegt den alten Sauerteig aus, damit ihr ein neuer Teig seid, da ihr ja ungesäuert seid! Denn unser Passahlamm ist ja für uns geschlachtet worden: Christus. So wollen wir denn nicht mit altem Sauerteig Fest feiern, auch nicht mit Sauerteig der Bosheit und Schlechtigkeit, sondern mit ungesäuerten Broten der Lauterkeit und Wahrheit." (1. Korinther 5,7-8).

Der Gottesdienst der ersten Kirche war um ein gemeinsames Festmahl angeordnet. Es war die Vollendung des Passahmahles, in dem man in Israel des Auszugs aus Ägypten gedachte. Nun geht es um eine andere Befreiung, nämlich aus der Knechtschaft des Todes, des Teufels und der Sünde. Darum soll auch diese Freiheit zum Ausdruck gebracht werden. Wir können nicht weiterhin in der Knechtschaft leben (also weiterhin bewusst sündigen) und gleichzeitig an diesem Festmahl teilnehmen. So wie man im jüdischen Passahfest das Haus vom Sauerteig reinigt, muss sich jeder Teilnehmer von der Sünde reinigen:

„Ich habe euch in dem Brief geschrieben, dass ihr keinen Umgang mit Unzüchtigen haben sollt; und zwar nicht mit den Unzüchtigen dieser Welt überhaupt, oder den Habsüchtigen oder Räubern oder Götzendienern; sonst müsstet ihr ja aus der Welt hinausgehen. Jetzt aber habe ich euch geschrieben, dass ihr keinen Umgang haben sollt mit jemand, der sich Bruder nennen lässt und dabei ein Unzüchtiger oder Habsüchtiger oder Götzendiener oder Lästerer oder Trunkenbold oder Räuber ist; mit einem solchen sollt ihr nicht einmal essen." (1. Korinther 5,9-11).

Lässt man diese Reinigung außer Acht, verkommt die Feier zu einer Farce, denn das macht alles Reden von der Befreiung durch das Blut Christi zu einem blutleeren Geschwafel.

Dieses Mahl heißt auch „Liebesmahl" (Agape); im Judasbrief wird es so bezeichnet, weshalb ein liebloser und selbstsüchtiger Umgang untereinander dieses Mahl zunichte macht und völlig entwertet. Judas weist auf solch einen Missbrauch hin:

„*Es haben sich nämlich etliche Menschen unbemerkt eingeschlichen, die schon längst zu diesem Gericht aufgeschrieben worden sind, Gottlose, welche die Gnade unseres Gottes in Zügellosigkeit verkehren und Gott, den einzigen Herrscher, und unseren Herrn Jesus Christus verleugnen. … Diese sind* **Schandflecken bei euren Liebesmahlen** *und schmausen mit euch, indem sie ohne Scheu sich selbst weiden … Das sind Unzufriedene, die mit ihrem Geschick hadern und dabei nach ihren Lüsten wandeln; und ihr Mund redet übertriebene Worte, wenn sie aus Eigennutz ins Angesicht schmeicheln. … Das sind die, welche Trennungen verursachen, natürliche Menschen, die den Geist nicht haben.*" (Judas 1,4.12.16.19).

Auch Petrus hat solche Erfahrungen gemacht:

„*Sie halten die Schwelgerei bei Tage für ihr Vergnügen; als Schmutz- und Schandflecken tun sie groß mit ihren Betrügereien, wenn sie mit euch zusammen schmausen. Dabei haben sie Augen voller Ehebruch; sie hören nie auf zu sündigen und locken die unbefestigten Seelen an sich; sie haben ein Herz, das geübt ist in Habsucht, und sind Kinder des Fluchs.*" (2. Petrus 2,13-14).

Wenn diese Festfeier also so angefochten ist, dann muss sie für den Herrn (und Seinen Widersacher) wohl besonders wichtig sein. Der christliche

Gottesdienst ist keine Zeremonie, an der man teilnimmt, sondern ein gemeinsames Mahl, welches das Passahfest fortsetzt, und das nicht nur einmal im Jahr, sondern sooft man zusammenkommen kann. Wenn sich die Gemeinde wie eine Familie jeden Abend zusammensetzte, um das Nachtmahl zu essen, so war es nicht mehr nur eine gewöhnliche Speise, sondern untrennbar mit dem Brotbrechen verbunden, sodass dieser Begriff sowohl die normale Mahlzeit als auch die Eucharistie bezeichnet. Brot und Wein stand bei jeder Mahlzeit auf dem Tisch und bot somit die Gelegenheit dieses in Danksagung (Eucharistie) für den gebrochenen Leib Christi zu brechen und den Wein als das Blut des Neuen Bundes untereinander zu teilen.

Seit die Eucharistie von der normalen Mahlzeit getrennt wurde, ging ein wesentlicher Aspekt verloren. Der Charakter eines Festmahls. Das Brot schrumpfte zu einem Plätzchen und in den katholischen Kirchen sehen die Teilnehmer den Wein nur von weitem. In den übrigen bekommen sie nur einen winzigen Schluck, während in der frühen Kirche Krüge voll Wein auf dem Tisch standen.

Das war natürlich auch nicht ohne Probleme, einige haben auch zu freimütig zugelangt:

„Und berauscht euch nicht mit Wein, was Ausschweifung ist, sondern werdet voll Geistes; redet zueinander mit Psalmen und Lobgesängen und geistlichen Liedern; singt und spielt dem Herrn in eurem Herzen; sagt allezeit Gott, dem Vater, Dank für alles, in dem Namen unseres Herrn Jesus Christus." (Epheser 5,18-20).

Oder, wie wir bereits gelesen haben:

„Wenn ihr nun am selben Ort zusammenkommt, so geschieht das doch nicht, um das Mahl des Herrn zu essen; denn jeder nimmt beim Essen sein eigenes Mahl

vorweg, so dass der eine hungrig, der andere betrunken ist." (1. Korinther 11,20-21).

Bilder aus der Frühzeit der Kirche geben einen Eindruck von dieser gottesdienstlichen Festfeier:

Aus den Katakomben von St. Marcellinus und Petrus (Wikipedia-Commons).

Mehrere Fresken, die zum Teil bis ins zweite Jahrhundert zurückreichen, stellen so eine Szene dar: Man lag zu Tisch, es war ein durchaus gemütliches und familiäres Setting, in dem man diese Festfeier hielt. Darum ließ ich Paulus in meiner fiktiven Geschichte am Anfang nach gemütlichen Sitzplätzen Ausschau halten.

Das war der Ausklang eines christlichen Arbeitstages; im römischen Reich gab es kein allgemein freies Wochenende. So kamen die „Geschwister" abends zum Essen zusammen. Im Grunde taten das auch alle anderen römischen Bürger, sie nannten das ein Bankett (griech. deipnon), und diesem folgte meist ein „Symposium" (d.h. „Umtrunk"), während dem musiziert wurde oder philosophische Erörterungen stattfanden. Dem christlichen „Mahl des Herrn" (griech. kyriakon deipnon) folgte dementsprechend die biblische Unterweisung.

Wir sehen diese Struktur im 1. Korintherbrief: Im 11. Kapitel geht es um Gebet, Weissagung und das Mahl des Herrn. Nach einem Exkurs über die Gaben des Geistes (Kapitel 12) und die Liebe (Kapitel 13) kommt Paulus auf den zweiten Teil der Versammlung zu sprechen:

„Wie ist es nun, ihr Brüder? Wenn ihr zusammenkommt, so hat jeder von euch etwas: einen Psalm, eine Lehre, eine Sprachenrede, eine Offenbarung, eine Auslegung; alles lasst zur Erbauung geschehen! Wenn jemand in einer Sprache reden will, so sollen es zwei, höchstens drei sein, und der Reihe nach, und einer soll es auslegen. Ist aber kein Ausleger da, so schweige er in der Gemeinde; er mag aber für sich selbst und für Gott reden.

Propheten aber sollen zwei oder drei reden, und die anderen sollen es beurteilen. Wenn aber einem anderen, der dasitzt, eine Offenbarung zuteil wird, so soll der erste schweigen. Denn ihr könnt alle einer nach dem anderen weissagen, damit alle lernen und alle ermahnt werden. Und die Geister der Propheten sind den Propheten untertan. Denn Gott ist nicht ein Gott der Unordnung, sondern des Friedens, wie in allen Gemeinden der Heiligen." (1. Korinther 14,26-33).

Während in den meisten Kirchen alles einer starren Liturgie folgt, waren die christlichen Versammlungen damals von charismatischer Spontanität gekennzeichnet. Lebendig und zum Teil auch unvorhersehbar. Auch die Dauer war nicht scharf abgegrenzt, was Einzelnen manchmal auch zu viel werden konnte:

„Am ersten Tag der Woche aber, als die Jünger versammelt waren, um das Brot zu brechen, unterredete sich Paulus mit ihnen, da er am folgenden Tag abreisen wollte, und er dehnte die Rede bis Mitternacht aus. Es waren aber zahlreiche Lampen in dem Obersaal, wo sie versammelt waren. Und ein junger Mann namens Eutychus saß am Fenster; der sank in einen tiefen Schlaf; während Paulus weiterredete, fiel er, vom Schlaf überwältigt, vom dritten Stock hinab und wurde tot aufgehoben.

Da ging Paulus hinab und warf sich über ihn, umfasste ihn und sprach: Macht keinen Lärm; denn seine Seele ist in ihm! Und er ging wieder hinauf und brach Brot, aß und unterredete sich noch lange mit ihnen, bis der Tag anbrach, und zog dann fort. Sie brachten aber den Knaben lebendig herbei und waren nicht wenig getröstet.“ (Apostelgeschichte 20,7-12).

Das war natürlich nicht jeden Tag so. Während die Mahlzeiten und das Gebet wohl täglich stattfanden, gab es – da die Lehrer der Gemeinde oft mehreren Hausgemeinden dienten – nicht überall jeden Tag eine ausgiebige Unterweisung.

Der römische Beamte Plinius der Jüngere berichtete im Jahr 112 seinem Kaiser Trajan über die „christlichen Umtriebe" in Bithynien und wie er diese unterbunden hatte:

„Sie versicherten darüber hinaus, ihre ganze Schuld oder ihr ganzer Irrtum habe darin bestanden, dass sie sich gewöhnlich an einem bestimmten Tage vor Sonnenaufgang versammelten, Christus wie einem Gott einen Wechselgesang darbrachten und sich durch Eid nicht etwa zu irgendeinem Verbrechen verpflichteten, sondern keinen Diebstahl, Raubüberfall oder Ehebruch zu begehen, ein Versprechen nicht zu brechen, eine angemahnte Schuld nicht abzuleugnen. Danach seien sie gewöhnlich auseinander gegangen und dann wieder zusammengekommen, um Speise zu

sich zu nehmen und zwar ganz gewöhnliche und unschädliche; selbst das hätten sie nach meinem Erlass, mit dem ich deinen Aufträgen entsprechend Vereine verboten hatte, unterlassen." (8. Brief an Trajan)[15]

Unvorstellbar, aber das war das normale Christenleben im 1. Jahrhundert! Wo findet man das heute noch? Wird heute in den Familien nicht mehr gegessen? Tatsächlich greift der heutige Lebensstil die Tischgemeinschaft in Familien mehr und mehr an, wodurch dieser Tisch und jener wichtige Zeitraum verloren gehen, wo Eltern und Kinder ungezwungen miteinander reden. So kann man in einer Kirche, die wie damals funktioniert, auch wieder lernen, wie Familie ganz allgemein gelingt.

Was spricht dagegen, wenn ein paar benachbarte christliche Familien damit wieder anfangen, indem sie reihum in den Häusern zum Abendessen und einer gemeinsamen Andacht zusammenkommen? Was würde sich für uns ändern, wenn Kirche wieder als Familie erlebt wird?

---

[15] https://www.uni-siegen.de/phil/kaththeo/antiketexte/ausser/8.html?lang=de

5. Zeuge
Tertullian von Karthago (150-220)
Das christliche Liebesmahl

Ende des zweiten Jahrhunderts war es immer noch so. In seiner berühmten Verteidigungsschrift „Apologeticum" gibt Tertullian uns einen lebendigen Einblick in eine gottesdienstliche Festversammlung:

„Ich selbst will nunmehr die Zwecke der christlichen Verbindung darlegen; um zurückzuweisen, dass sie schlecht seien, werde ich zeigen, dass sie gut sind, schon wenn ich die Wahrheit über sie offenkundig mache.

Wir bilden eine Korporation durch unsere religiöse Überzeugung, durch eine göttliche Sittenzucht und durch das Band einer gemeinschaftlichen Hoffnung. Wir treten zu einem Bunde zusammen und halten gemeinschaftliche Versammlungen ab, um, gleichsam ein Heer bildend, Gott mit Bitten zu umlagern. Eine solche Gewalttätigkeit ist Gott wohlgefällig. Wir beten auch für die Kaiser, für diejenigen, welche kaiserliche Ämter bekleiden und Machtvollkommenheiten ausüben, für den Bestand der Welt, für die Ruhe der Staaten, für den Aufschub des Endes.

Wir kommen zusammen zur Erforschung und Erwägung der göttlichen Schriften, *wenn die Beschaffenheit der gegenwärtigen Zeitläufe eine Ermahnung oder Erinnerung erheischt; zum wenigsten nähren wir durch heilige Worte unsern Glauben, richten die Hoffnung auf, befestigen das Vertrauen und geben ebensosehr der Disziplin Festigkeit durch Einschärfung der sittlichen Vorschriften. Ebenda geschehen auch die Aufmunterungen, Zurechtweisungen und die göttliche Rüge. Es wird nämlich auch Gericht gehalten mit großem Nachdruck, wie bei Leuten, die der Gegenwart Gottes gewiss sind, und es ist ein höchst ergreifendes Vorgericht* *des künftigen Gerichtes, wenn jemand so gefehlt hat, dass er von der Gemeinschaft des Gebetes, der Zusammenkünfte und des gesamten heiligen Verkehrs zurückgewiesen wird.*

Es führen den Vorsitz die jedesmaligen bewährteren Ältesten, die jene Ehre nicht durch Geld, sondern durch gutes Zeugnis erlangt haben; denn es ist keine göttliche Gabe um Geld feil.

Und wenn auch eine Art von Kasse vorhanden ist, so wird sie nicht etwa durch eine Aufnahmegebühr, was eine Art von Verkauf der Religion wäre, gebildet, sondern jeder einzelne steuert eine mäßige Gabe bei an einem bestimmten Tage des Monats, oder wann er will, wofern er nur will und kann. Denn niemand wird dazu genötigt, sondern jeder gibt freiwillig seinen Beitrag. Das sind gleichsam die Sparpfennige der Gottseligkeit. Denn es wird nichts davon für Schmausereien und Trinkgelage oder nutzlose Fresswirtschaften ausgegeben, sondern zum Unterhalt und Begräbnis von Armen, von elternlosen Kindern ohne Vermögen, auch für bejahrte, bereits arbeitsunfähige Hausgenossen, ebenso für Schiffbrüchige, und wenn welche in den Bergwerken, auf Inseln oder in den Gefängnissen, selbstverständlich nur dann, wenn wegen der Sache der Genossenschaft Gottes diese Heimsuchung sie trifft, Versorgungsberechtigte ihres Bekenntnisses werden.

Aber sogar die Ausübung dieser hohen Art von Liebe drückt uns bei gewissen Leuten einen Makel auf. „Siehe", sagen sie, „wie sie sich untereinander lieben" -- sie selber nämlich hassen sich untereinander -- und „wie einer für den andern zu sterben bereit ist"; sie selber nämlich wären eher bereit, sich gegenseitig umzubringen.

Aber auch darüber, dass wir mit dem Namen Brüder bezeichnet werden, geraten sie, wie mich dünkt, aus keinem andern Grunde in Aufregung, als weil bei ihnen jeder der Blutsverwandtschaft entnommene Name, was herzliche Zuneigung be-

trifft, nur Heuchelei ist. Was aber die Bezeichnung Bruder angeht, so sind wir sogar auch eure Brüder nach dem Recht der Natur, die unsere gemeinsame Mutter ist, wenn auch ihr nicht einmal ganze Menschen seid, weil ihr böse Brüder seid. Mit wieviel mehr Recht werden diejenigen Brüder genannt und als solche angesehen, welche Gott als ihren einen Vater erkannt, welche den einen Geist der Heiligkeit eingesogen haben, welche aus demselben Dunkel der Unwissenheit zu dem einen Licht der Wahrheit staunend übergegangen sind! Aber vielleicht werden wir deshalb für weniger legitime Brüder gehalten, weil unser Bruderverhältnis nicht Gegenstand einer lärmenden Tragödie ist, oder weil wir, auch wenn es sich um das Familienvermögen handelt, wo bei euch in der Regel die Brüderlichkeit aufhört, Brüder sind.

Und so haben wir, die wir nach Geist und Seele innigst verbunden sind, keine Bedenklichkeit hinsichtlich der Mitteilung unserer Habe, **Alles ist bei uns gemeinschaftlich, nur nicht die Weiber.** In diesem Punkte, welcher der einzige ist, worin die übrigen Menschen Gemeinsamkeit haben, lösen wir die Gemeinsamkeit. Sie maßen sich nicht nur die ehelichen Rechte ihrer Freunde an, sondern treten auch die ihrigen ihren Freunden mit dem größten Gleichmut ab, wie ich glaube, zufolge der Praxis ihrer Vorfahren und ihrer weisen Männer, welche, wie Sokrates unter den Griechen, wie Cato unter den Römern, von ihren Freunden ihre Gattinnen mitbenutzen ließen, die sie wohl geheiratet hatten, damit sie auch noch anderweitig Kinder gebären sollten. Ich weiß nicht gerade, ob dies wider den Willen der Gattinnen geschah; denn warum sollten sie um ihre Keuschheit, welche die Ehemänner so leichten Kaufs hinweggaben, so sehr besorgt sein? O über dieses Beispiel von attischer [griechischer] Weisheit und römischer Würde! Kuppler ist der Philosoph so gut wie der Zensor!

Was ist es nun also Wunderbares, wenn eine so große Liebe auch gemeinschaftliche Mahlzeiten veranstaltet. Denn sogar unsere geringen Mahlzeiten

– außerdem verrufen als verbrecherisch – verspottet ihr auch noch als verschwen-
derisch. Auf uns wird nämlich der Ausspruch des Diogenes angewendet: „Die
Megarenser schmausen, als wenn sie morgen sterben müssten, und bauen, als
wenn sie niemals sterben müssten." Allein man bemerkt leichter den Strohhalm
im Auge eines andern, als den Balken in dem seinigen. Wenn so viele Tribus,
Kurien und Dekurien rülpsen, so wird die ganze Atmosphäre weinsäuerlich; wenn
die Salier schmausen wollen, so wäre eine Anleihe erforderlich; den Aufwand der
Herkuleszehnten und Opferschmäuse müssen Registratoren zusammenrechnen;
für die Apaturien, Bacchanalien und attischen Mysterien wird eine Aushebung
unter den Köchen angesagt, durch den beim Bereiten des Serapismahles
verursachten Qualm könnte die Löschmannschaft alarmiert werden. Aber nur
über das Gastmahl der Christen stellt man Untersuchungen an.

Unser Mahl gibt durch seinen Namen schon sein Wesen und seine
Bestimmung an; es trägt den Namen, womit man im Griechischen die Liebe
bezeichnet (Agape). *Wie teuer es auch kommt, ein Gewinst ist es, im Namen der*
Frömmigkeit Aufwand zu machen, zumal da wir die Dürftigen mit jener Erholung
erquicken, nicht in der Weise, wie bei euch die Schmarotzer nach der Ehre begierig
sind, ihre Freiheit in Sklaverei zu verwandeln, um den Lohn, dass sie unter
Beschimpfungen ihren Bauch füllen dürfen, sondern deswegen, weil bei Gott das
Ansehen der Niedrigen größer ist.

Wenn die Veranlassung des Mahles schon eine ehrbare ist, so beurteilt auf Grund
derselben die Zucht, die beim ganzen Verlauf desselben herrscht. Was zu den reli-
giösen Pflichten gehört, das duldet keine Gemeinheit und keine Unsitte. Man geht
nicht eher zu Tisch, als bis man des Gebetes zu Gott verkostet hat, man isst so viel,
als Hungrigen genügt, man trinkt so viel, als züchtigen Leuten dienlich ist. So
sättigen sie sich wie Leute, die nicht vergessen, dass sie auch in der Nacht Gott
anbeten müssen; so unterhalten sie sich wie Leute, die wissen, dass Gott es hört.

Wenn die Hände gewaschen und die Lichter angezündet sind, wird jeder aufgefordert, vorzutreten und Gott Lob zu singen, wie er es aus der Heiligen Schrift oder nach eigenem Talente vermag; daran erkennt man, wie er getrunken hat. Ebenso bildet das Gebet den Schluss des Mahles.

Von da geht man auseinander, nicht um sich zu Keilereien zusammenzurotten, nicht um in hellen Haufen herumzuschwärmen, noch zu den heimlichen Schlichen der Liederlichkeit, sondern zu der früheren Sorge für Sittsamkeit und Keuschheit, wie Leute, die nicht so sehr ein Mahl, als vielmehr eine Lehre verkostet haben. Das ist die Zusammenkunft der Christen; allerdings mit Recht unerlaubt, wofern sie unerlaubten Zusammenkünften gleich ist, mit Recht zu verdammen, wenn jemand darüber auf den Titel hin zu klagen hat, auf den hin man über die Parteiverbindungen klagt. Zu wessen Verderben sind wir denn irgendeinmal zusammengekommen? Versammelt sind wir genau das, was wir zerstreut, alle miteinander das, was die Einzelnen sind, niemanden beschädigend, niemanden betrübend. Wenn rechtschaffene und gute Leute zusammenkommen, wenn fromme und keusche Menschen sich vereinigen, so verdient das nicht den Namen einer Parteiverbindung, sondern eines Senates." (Apologeticum, Kp. 39).

So war es im Grunde überall. Wir haben Beispiele aus der Didaché (Syrien), dem Brief des Plinius (Kleinasien), der Beschreibung Tertullians (Nordafrika) und den römischen Fresken gesehen. Nichts ist doch so naheliegend und natürlich wie die christliche Festversammlung, und kaum etwas so unnatürlich wie eine straff organisierte kirchliche Liturgiefeier. Wollen wir einen lebendigen Glauben oder eine leblose Religion? Herzliche Liebe und Freude oder sterile und kalte Frömmigkeit?

Und doch – so erstaunlich es ist – ist es überhaupt nicht kompliziert, gerade das wieder aufleben zu lassen, denn wer feiert nicht gerne Feste?

Der wahre Stellvertreter Christi

Wer leitet die Gemeinde Gottes? Wir sind mit Priestern, Pastoren, Bischöfen und ähnlichen Würdenträgern vertraut, Profis, die Theologie studiert haben und über den „Laien" stehen, die zu diesen aufblicken. Diesem Leitungsverständnis, das so alt ist wie jede verfasste Religion, widerspricht der Herr Jesus deutlich:

„Da redete Jesus zu der Volksmenge und zu seinen Jüngern und sprach: Die Schriftgelehrten und Pharisäer haben sich auf Moses Stuhl gesetzt. Alles nun, was sie euch sagen, dass ihr halten sollt, das haltet und tut; aber nach ihren Werken tut nicht, denn sie sagen es wohl, tun es aber nicht. Sie binden nämlich schwere und kaum erträgliche Bürden und legen sie den Menschen auf die Schultern; sie aber wollen sie nicht mit einem Finger anrühren. Alle ihre Werke tun sie aber, um von den Leuten gesehen zu werden. Sie machen nämlich ihre Gebetsriemen breit und die Säume an ihren Gewändern groß, und sie lieben den obersten Platz bei den Mahlzeiten und die ersten Sitze in den Synagogen und die Begrüßungen auf den Märkten, und wenn sie von den Leuten »Rabbi, Rabbi« genannt werden." (Matthäus 23,1-7).

Die Kirchen bieten über verschiedene „Weihegrade" vom Diakon bis zum Papst eine Karriereleiter für machtbewusste Menschen. Das damit verbundene Standesdünkel passt nicht zur christlichen Demut. Die Pharisäer und Schriftgelehrten zur Zeit Jesu sonnten sich in der allgemeinen Anerkennung und genossen die vielfältigen gesellschaftlichen Vorzüge. Weil das tief in unserer sündhaften Natur gegründet ist, müssen wir stets darauf achten, nicht so zu werden. Wie also ist es richtig?

„Ihr aber sollt euch nicht Rabbi nennen lassen, denn einer ist euer Meister, der Christus; ihr aber seid alle Brüder. Nennt auch niemand auf Erden euren Vater;

denn einer ist euer Vater, der im Himmel ist. Auch sollt ihr euch nicht Meister nennen lassen; denn einer ist euer Meister, der Christus. Der Größte aber unter euch soll euer Diener sein. Wer sich aber selbst erhöht, der wird erniedrigt werden; und wer sich selbst erniedrigt, der wird erhöht werden." (Matthäus 23,8-12).

Alle blicken allein zu Christus auf. Die Gemeinde Gottes ist christozentrisch, und kein geistliches Amt soll diese Wahrheit vernebeln. *„Ja, aber, Er ist ja nicht mehr wirklich leiblich unter uns!"*, mag man einwenden. Wie kann Er uns lehren, wenn wir Ihn nicht hören? Wie können wir uns um Ihn scharen, wenn Er nicht sichtbar unter uns ist? Wir brauchen doch jemanden, der Ihn vertritt und zu uns spricht!

Das stimmt, und es gibt tatsächlich einen „Stellvertreter Christi" auf Erden, der ist aber nicht der Papst:

„Und ich will den Vater bitten, und er wird euch einen anderen Beistand geben, dass er bei euch bleibt in Ewigkeit, den Geist der Wahrheit, den die Welt nicht empfangen kann, denn sie beachtet ihn nicht und erkennt ihn nicht; ihr aber erkennt ihn, denn er bleibt bei euch und wird in euch sein. Ich lasse euch nicht als Waisen zurück; ich komme zu euch." (Johannes 14,16-18).

Jeder Christ empfängt in der Taufe den Heiligen Geist, und durch diesen kommt der Herr Jesus geistlich zu uns. Er ist also immer unter uns und bei uns, und zwar als lebendige Person durch den uns innewohnenden Heiligen Geist. Er ist der Beistand, der Tröster, der Ermutiger und Begleiter und steht uns wie ein Trainer zur Seite in unserer Nachfolge Jesu.

„Der Beistand aber, der Heilige Geist, den der Vater senden wird in meinem Namen, der wird euch alles lehren und euch an alles erinnern, was ich euch gesagt habe." (Johannes 14,26).

„Es ist gut für euch, dass ich hingehe; denn wenn ich nicht hingehe, so kommt der Beistand nicht zu euch. Wenn ich aber hingegangen bin, will ich ihn zu euch senden. ... Noch vieles hätte ich euch zu sagen; aber ihr könnt es jetzt nicht ertragen. Wenn aber jener kommt, der Geist der Wahrheit, so wird er euch in die ganze Wahrheit leiten; denn er wird nicht aus sich selbst reden, sondern was er hören wird, das wird er reden, und was zukünftig ist, wird er euch verkündigen. Er wird mich verherrlichen; denn von dem Meinen wird er nehmen und euch verkündigen." (Johannes 16,7.12-14).

Wenn er unter und in uns wohnt, wen brauchen wir dann noch? Tatsächlich gilt:

„Denn wo zwei oder drei in meinem Namen versammelt sind, da bin ich in ihrer Mitte." (Matthäus 18,20).

Nicht, wo zwei oder drei zusammen mit einem Priester versammelt sind, sondern zwei oder drei ganz einfache Christen reichen aus, dass Christus selbst mitten unter ihnen ist, weil Er durch den heiligen Geist in ihnen wohnt. Diese zwei oder drei können gemeinsam beten, gemeinsam die Bibel lesen und sich darüber austauschen. Auch das Brot können sie brechen und den Wein des Bundes gemeinsam trinken, denn nicht durch den Priester ist Christus gegenwärtig, sondern durch den Heiligen Geist. Es ist der Geist Gottes, der sie darin leiten will. Was ist also notwendig? Allein ein demütiges und erwartungsvolles Aufschauen zu Ihm, und aus diesen zwei oder drei kann der Herr mit der Zeit zwanzig oder dreißig, zweihundert oder dreihundert machen. Genau das ist im Lauf der Kirchengeschichte immer und immer wieder geschehen. So missionierten die Apostel, die oft nur einen Haushalt zum Glauben führten, diesen dem Herrn anbefohlen und weiterzogen. Und der Herr führte sie und ließ sie wachsen. Das taten die durch Verfolgung zerstreuten Christen, die überall das Evangelium verkündeten und kleine Gruppen von Nachfolgern gewannen. So begann die Mönchsbewegung, als sich eine Handvoll Christen bemühte, die Kirche von damals wieder aufleben zu lassen. Ebenso viele Reformbewegungen wie die Waldenser und die Täufer. Wieviele Erweckungen begannen, weil sich zwei oder drei zusammentaten und ernsthaft zu beten begannen? Keine dieser Gemeinschaften hatte dabei von Anfang an eine kirchliche Leitungsstruktur, aber sie waren von der Liebe zum Herrn Jesus und dem Heiligen Geist erfüllt. Christus war im Zentrum.

Der Geist Gottes gibt dabei den einzelnen Christen verschiedene Gaben, die dem Aufbau der Gemeinde dienen sollen:

„Es bestehen aber Unterschiede in den Gnadengaben, doch es ist derselbe Geist; auch gibt es unterschiedliche Dienste, doch es ist derselbe Herr; und auch die Kraftwirkungen sind unterschiedlich, doch es ist derselbe Gott, der alles in allen wirkt. Jedem wird aber das offensichtliche Wirken des Geistes zum allgemeinen Nutzen verliehen. Dem einen nämlich wird durch den Geist ein Wort der Weisheit gegeben, einem anderen aber ein Wort der Erkenntnis gemäß demselben Geist; einem anderen Glauben in demselben Geist; einem anderen Gnadengaben der Heilungen in demselben Geist; einem anderen Wirkungen von Wunderkräften, einem anderen Weissagung, einem anderen Geister zu unterscheiden, einem anderen verschiedene Arten von Sprachen, einem anderen die Auslegung der Sprachen. Dies alles aber wirkt ein und derselbe Geist, der jedem persönlich zuteilt, wie er will.“ (1. Korinther 12,4-11).

Worauf es bei den einzelnen ankommt, ist einzig die Liebe und der Wunsch, zum Aufbau der Gemeinde beizutragen:

„Wenn ich in Sprachen der Menschen und der Engel redete, aber keine Liebe hätte, so wäre ich ein tönendes Erz oder eine klingende Schelle. Und wenn ich Weissagung hätte und alle Geheimnisse wüsste und alle Erkenntnis, und wenn ich allen Glauben besäße, so dass ich Berge versetzte, aber keine Liebe hätte, so wäre ich nichts. Und wenn ich alle meine Habe austeilte und meinen Leib hingäbe, damit ich verbrannt würde, aber keine Liebe hätte, so nützte es mir nichts!

Die Liebe ist langmütig und gütig, die Liebe beneidet nicht, die Liebe prahlt nicht, sie bläht sich nicht auf; sie ist nicht unanständig, sie sucht nicht das Ihre, sie lässt sich nicht erbittern, sie rechnet das Böse nicht zu; sie freut sich nicht an der Ungerechtigkeit, sie freut sich aber an der Wahrheit; sie erträgt alles, sie glaubt alles, sie hofft alles, sie erduldet alles. Die Liebe hört niemals auf." (1. Korinther 13,1-8).

Und:

„Strebt nach der Liebe, doch bemüht euch auch eifrig um die Geisteswirkungen; am meisten aber, dass ihr weissagt! ... Also auch ihr, da ihr eifrig nach Geisteswirkungen trachtet, strebt danach, dass ihr zur Erbauung der Gemeinde Überfluss habt!" (1. Korinther 14,1.12).

Weissagung oder prophetische Rede ist die Gabe, nach der sich alle ausstrecken dürfen und sollen (nicht die Sprachengabe, die Paulus aufgrund ihres eingeschränkten Nutzens deutlich hintanstellt). Die Weissagung ist das Kennzeichen der neutestamentlichen Gläubigen, welches tatsächlich jedem verheißen ist:

„Und es wird geschehen in den letzten Tagen, spricht Gott, da werde ich ausgießen von meinem Geist auf alles Fleisch; und eure Söhne und eure Töchter werden weissagen, und eure jungen Männer werden Gesichte sehen, und eure Ältesten werden Träume haben; ja, auch über meine Knechte und über meine Mägde werde ich in

jenen Tagen von meinem Geist ausgießen, und sie werden weissagen." (Apostelgeschichte 2,17-18; Joel 3,1-2).

Was aber ist Weissagung? Es geht nicht um Orakelsprüche oder das Voraussagen der Zukunft für neugierige Fragesteller. Es ist das Erkennen und Aussprechen des Willens Gottes, das in eine bestimmte Situation gebrachte Wort Gottes und zutiefst biblisch begründet. Der Geist Gottes erinnert an die Worte Jesu, durch Ihn führt der Meister Seine Jünger. Und jeder Christ ist dazu eingeladen, sich danach auszustrecken – die Frauen in Unterordnung (bezeugt durch eine Kopfbedeckung, vgl. 1.Kor 11,2-16) – ebenso.

Weissagung hat mit der rechten Haltung zu tun, und diese mit dem geistlichen Wachstum. Es wird sich in entsprechendem Maß daher immer wieder menschliche Rede darunter mischen. Das ist kein Malheur, und es gibt daher den Auftrag, Weissagung stets auch zu bewerten. Nur weil immer wieder Fehler geschehen, soll sie nicht unterbunden werden:

„Den Geist dämpft nicht! Die Weissagung verachtet nicht! Prüft alles, das Gute behaltet!" (1. Thessalonicher 5,19-21).

Die Gabe der Weissagung ist nicht dasselbe wie eine Lehr- oder Leitungsgabe. Auch diese Gaben gibt Gottes Geist zum Wachstum der Gemeinde, doch sie gehen mit höherer Verantwortung einher (Jakobus 3,1):

„Und Gott hat in der Gemeinde etliche eingesetzt, erstens als Apostel, zweitens als Propheten, drittens als Lehrer." (1. Korinther 12,28).

Diese Gaben werden nicht an theologischen Hochschulen erlernt, sondern vom Geist Gottes gegeben. Das ist extrem wichtig anzumerken! Denn eine theologische Schulung mag zwar viel Bibelwissen vermitteln (und zum Teil auch vortäuschen), doch das ist noch lange keine geistliche Gabe und

Berufung. Es geht bei Leitungsaufgaben auch nicht so sehr um Wissen als um Bewährung im Glaubensleben und die richtige Haltung. Christus hat die Schriftgelehrten und ihre Selbsteinschätzung nicht ohne Grund verworfen – wir sollen nicht werden wie diese, denn das ist nicht die Berufung des Geistes.

„Seht doch eure Berufung an, ihr Brüder! Da sind nicht viele Weise nach dem Fleisch, nicht viele Mächtige, nicht viele Vornehme; sondern das Törichte der Welt hat Gott erwählt, um die Weisen zuschanden zu machen." (1. Korinther 1,26-27).

Kein Leitungsdienst soll den Blick darauf trüben, dass nur einer der Meister ist, wir alle aber Seine Jünger und Schüler. Da steht niemand im Rang über den anderen, und wer der Gemeinde vorstehen will, muss der Diener aller sein.

Ein Lehrer oder Leiter in der Gemeinde *„setzt sich auch nicht auf den Stuhl des Moses"* (Matthäus 23,1), maßt sich also keine Lehrautorität an, sondern anerkennt die alleinige Lehrautorität Christi. Er wirkt in Seinem Auftrag und in Verantwortung vor Ihm und darf seine eigenen Vorstellungen nicht zur Norm erheben. Er muss bereit sein, dafür denselben Widerspruch zu ertragen, wie auch Christus.

„Daher bezeuge ich dir ernstlich vor dem Angesicht Gottes und des Herrn Jesus Christus, der Lebendige und Tote richten wird, um seiner Erscheinung und seines Reiches willen: Verkündige das Wort, tritt dafür ein, es sei gelegen oder ungelegen; überführe, tadle, ermahne mit aller Langmut und Belehrung! Denn es wird eine Zeit kommen, da werden sie die gesunde Lehre nicht ertragen, sondern sich selbst nach ihren eigenen Lüsten Lehrer beschaffen, weil sie empfindliche Ohren haben; und sie werden ihre Ohren von der Wahrheit abwenden und sich den Legenden zuwenden. Du aber bleibe nüchtern in allen Dingen, erdulde die

Widrigkeiten, tue das Werk eines Evangelisten, richte deinen Dienst völlig aus!"
(2. Timotheus 4,1-5).

Der Geist Gottes gibt mit dem Wachstum der Gemeinde auch weitere Leitungsfunktionen, aber nicht damit diese alles machen und die Gemeindeglieder aufhören, einander zu dienen. Im Gegenteil:

„Und Er hat etliche als Apostel gegeben, etliche als Propheten, etliche als Evangelisten, etliche als Hirten und Lehrer, zur Zurüstung der Heiligen, für das Werk des Dienstes, für die Erbauung des Leibes des Christus, bis wir alle zur Einheit des Glaubens und der Erkenntnis des Sohnes Gottes gelangen, zur vollkommenen Mannesreife, zum Maß der vollen Größe des Christus; damit wir nicht mehr Unmündige seien, hin- und hergeworfen und umhergetrieben von jedem Wind der Lehre durch das betrügerische Spiel der Menschen, durch die Schlauheit, mit der sie zum Irrtum verführen, sondern, wahrhaftig in der Liebe, heranwachsen in allen Stücken zu ihm hin, der das Haupt ist, der Christus." (Epheser 4,11-15).

Das Ziel ist, dass Christus in allen Gestalt nimmt, dass jeder Christ zum Dienst befähigt wird, dass alle in der Lehre sattelfest sind und jedes Kind Gottes mündig wird. Das ist das Gegenteil dessen, wozu die meisten Christen in den diversen Kirchen erzogen werden, in denen sie passive Liturgieteilnehmer und abhängige Sakramentsempfänger bleiben, denen die Bibel so vertraut ist wie die Steuerungssoftware der ISS-Raumstation.

Der Abendmahlssaal in Jerusalem (südlich des Tempels in der Davidstadt) war auch der Ort, an dem die Jünger auf den Heiligen Geist warteten. Er wurde im Lauf der Geschichte mehrfach neu gestaltet, ist also nicht mehr ursprünglich. Dort versammelten sich rund 120 Jünger, und der Heilige Geist fiel auf alle von ihnen, nicht bloß auf die zwölf Apostel: *„Und es erschienen ihnen Zungen wie von Feuer, die sich zerteilten und sich auf jeden von ihnen setzten."* (Apostelgeschichte 2,2). Damit endet jedes stellvertretend vermittelnde Priestertum durch besonders erwählte Menschen: *„Und sie werden sich gewiss nicht gegenseitig belehren müssen, jeder seinen Mitbürger und jeder seinen Bruder: »Erkenne den Herrn!« Denn alle werden mich kennen, von ihrem Kleinsten bis zu ihrem Größten."* (Jeremia 38[31],34). (Eigenes Bild).

Es ist also wichtig, mit dem Stellvertreter Christi, dem Heiligen Geist, einen vertrauten Umgang zu pflegen, sich Ihm zur Verfügung zu stellen, um in Seiner Kraft zum Aufbau der Gemeinde Gottes zu wirken. In der Liturgie beten zwar alle mit, aber sie folgen einem vorgegebenen Wortlaut und der Heilige Geist bleibt außen vor. Da trägt niemand mehr spontan etwas zur Erbauung der Gemeinde vor, es ist bereits alles festgeschrieben. Die Gebete kommen nicht mehr aus den Anliegen der Herzen der einzelnen, sondern aus verschriftlichten und immer gleichen Texten. Diese mögen gut und geistlich sein – aber es ist kein Ersatz für das, was wir im Neuen Testament über das Wirken des Geistes in und durch die Jünger Jesu lesen. Da bringt auch niemand mehr spontan einen Psalm oder ein Lied mit, und man erwartet auch keine Offenbarung des Geistes. Alles folgt einem vorgegebenen Programm. Es ist nicht dasselbe, und doch meinen wir aufgrund von Gewöhnung und Tradition, das sei ein gottgewollter und richtiger Gottesdienst. Das Gegenteil ist der Fall.

Das heißt nicht, dass man nicht auch vorgegebene Gebete, Lieder oder Abläufe einhalten kann und zum Teil auch sollte. Es gibt in der Didaché durchaus Gebete, die das Mahl des Herrn einrahmen, und diese bieten eine Vorlage, um (wie auch durch Gebetsbücher) beten zu lernen. Wir sollen nicht dabei stehen bleiben, Gebete aufzusagen. Es ist gut, wenn der Rahmen würdig ist, wenn eine heilige Grundhaltung herrscht, wenn man sich um eine angemessene Redeweise bemüht, doch es muss auch authentisch sein, ehrlich und echt. Man kann auch immer wieder einmal auf „liturgische Hilfen" zurückgreifen und sie als Bereicherung hinzunehmen. So verwenden wir in unserer Gemeinde fallweise auch das alte Gebetbuch der Amischen („Die ernsthafte Christenpflicht", neu: „Wegbegleiter"). Doch können diese anfänglichen Stützen auch zu einem Ersatz werden; und dann wurden sie falsch verwendet.

Es sind vor allem die älteren und reiferen Geschwister, welche die jüngeren darin anleiten sollen – und hier liegt die Aufgabe jeder Gemeindeleitung, nämlich die Jünger in der Nachfolge zu begleiten, zu unterstützen, zu korrigieren und weiterzubringen. Darum ist Leitung in der Gemeinde ein Ausdruck des Wirkens dessen, der der Stellvertreter Christi ist, der Tröster, Beistand, Ermutiger und Trainer der Jünger ist. So soll alles Menschliche in den Hintergrund treten und Christus mitten in der Gemeinde sichtbar werden.

„*Wenn aber alle weissagten, und es käme ein Ungläubiger oder Unkundiger herein, so würde er von allen überführt, von allen erforscht; und so würde das Verborgene seines Herzens offenbar, und so würde er auf sein Angesicht fallen und Gott anbeten und bekennen, dass Gott wahrhaftig in euch ist.*" (1. Korinther 14,24-25).

Dieser Aspekt der Kirche von damals mag der Überraschendste sein, doch hier erlangen die Kinder Gottes ihre Vollmacht und Würde, die ihnen von den institutionalisierten Kirchen geraubt wurden, zurück. Es lohnt sich also, beherzt zu ergreifen, was Gott uns durch den Geist bereitet hat.

Hirten und Väter

Die Gemeindeleitung wächst mit der Gemeinde. Kleine Gemeinden haben weniger Struktur nötig als größere Gemeinden. Hatte die Jerusalemer Gemeinde zuerst noch „auf Zuruf" ihre Witwen versorgt, funktionierte das ab einer gewissen Größe nicht mehr:

„In jenen Tagen aber, als die Zahl der Jünger wuchs, entstand ein Murren der Hellenisten gegen die Hebräer, weil ihre Witwen bei der täglichen Hilfeleistung übersehen wurden.

Da beriefen die Zwölf die Menge der Jünger zusammen und sprachen: Es ist nicht gut, dass wir das Wort Gottes vernachlässigen, um bei den Tischen zu dienen. Darum, ihr Brüder, seht euch nach sieben Männern aus eurer Mitte um, die ein gutes Zeugnis haben und voll Heiligen Geistes und Weisheit sind; die wollen wir für diesen Dienst einsetzen, wir aber wollen beständig im Gebet und im Dienst des Wortes bleiben!" (Apostelgeschichte 6,1-4).

Das war sicher keine Absicht damals, aber es führte zu einer unangenehmen Stimmung. Warum gerade die „hellenistischen" Witwen? Eigentlich ist es ganz nahliegend. Das waren vorwiegend Juden aus der griechischsprachigen Diaspora, die als „Zugereiste" verwandtschaftlich viel schlechter vernetzt waren als die einheimischen hebräisch-aramäischen Juden. Das Sprachproblem kam sicher noch dazu und das damit verbundene unterschwellige Gefühl, „Außenseiter" in der Gemeinde zu sein. Ich unterstelle bewusst niemandem eine böse Absicht, aber das ist die normale Dynamik in einer großen Gemeinde mit Mitgliedern aus verschiedenen Hintergründen. Kein Problem, das muss man nur strukturell besser lösen.

Was kein Teil der Lösung sein konnte, ist dass man diese Aufgabe auch noch den Aposteln aufbürdete. In Apostelgeschichte 4,34-35 lesen wir, dass ja bereits die Verteilung der Güter an die Armen von den Aposteln bewerkstelligt wurde. Die Versorgung der Witwen ist äußerst wichtig, vielleicht sogar wichtiger als die Lehre, da es allemal besser ist, wenn die Liebe reichlich gelebt wird, die Lehre aber noch dünn ist, als umgekehrt. Doch man darf das nicht gegeneinander ausspielen. Die Gemeinde soll in allen Stücken wachsen.

So entstand der Dienst der Diakone, die in der Folge die Verteilung der Güter unter die Armen verwaltete und die Witwen versorgten. Die Gütergemeinschaft musste mit der wachsenden Zahl an Begüterten und Bedürftigen besser organisiert werden. So entstanden die ersten Leitungsstrukturen in der „Urgemeinde".

Zuvor noch setzte der Herr Jesus „Hirten" ein. Das ist keine zufällige Bezeichnung, denn Er selbst nennt sich den „Guten Hirten". So beschreibt Er Seinen Dienst:

„Ich bin gekommen, damit sie das Leben haben und es im Überfluss haben.

Ich bin der gute Hirte; der gute Hirte lässt sein Leben für die Schafe. Der Mietling aber, der kein Hirte ist, dem die Schafe nicht gehören, sieht den Wolf kommen und verlässt die Schafe und flieht; und der Wolf raubt und zerstreut die Schafe. Der Mietling aber flieht, weil er ein Mietling ist und sich nicht um die Schafe kümmert. Ich bin der gute Hirte und kenne die Meinen und bin den Meinen bekannt, gleichwie der Vater mich kennt und ich den Vater kenne; und ich lasse mein Leben für die Schafe.

Und ich habe noch andere Schafe, die nicht aus dieser Schafhürde sind; auch diese muss ich führen, und sie werden meine Stimme hören, und es wird eine Herde und ein Hirte sein. Darum liebt mich der Vater, weil ich mein Leben lasse, damit ich es wieder nehme. Niemand nimmt es von mir, sondern ich lasse es von mir aus. Ich habe Vollmacht, es zu lassen, und habe Vollmacht, es wieder zu nehmen. Diesen Auftrag habe ich von meinem Vater empfangen." (Johannes 10,10-18).

Ein Mietling sieht den Hirtendienst als „Job" und wird nie so weit gehen wie der gute Hirte, nämlich sein Leben für die Schafe hinzugeben. Der Gute Hirte ist auch mit Seinen Schafen vertraut, und sie kennen Ihn und folgen Ihm, der sie beim Namen ruft. Der Hirte ist der Beschützer der Schafe, wie auch David, der die Schafe seines Vaters hütete, seinen Dienst verstand:

„Dein Knecht war ein Hirte für seinen Vater bei der Herde, und wenn ein Löwe kam oder ein Bär und ein Schaf aus der Herde riss, dann ging ich hinaus, hinter ihm her, und schlug ihn und zog es aus seinem Maul heraus, und wenn er gegen mich losging, packte ich ihn bei seiner Kehle und erschlug und tötete ihn. Sowohl den Bären erschlug dein Knecht als auch den Löwen." (1. Königtümer [Samuel], 17,34-36).

In derselben Weise zertrat der Sohn Gottes der alten Schlange den Kopf und besiegte unsere schlimmsten Feinde: den Teufel und Seine Dämonen, die Sünde und den Tod, indem er Sein eigenes Leben hingab. Als Auferstandener nun sammelt Er Seine Herde aus Juden und Nichtjuden (die anderen Schafe) und führt sie. Er ist der Hirte. Sein Heiliger Geist ist Sein Stellvertreter in und mitten unter uns. Nun aber setzt Er auch menschliche Hirten ein, die sich in Seinem Namen und Auftrag um Seine Schafe kümmern. Sie sollen Ihn repräsentieren und durch sie kommt Seine Hirtenfürsorge zur Herde. Als Ersten berief Er Petrus:

„Als sie nun gefrühstückt hatten, spricht Jesus zu Simon Petrus: Simon, Sohn des Jonas, liebst du mich mehr als diese? Er spricht zu ihm: Ja, Herr, du weißt, dass ich dich lieb habe! Er spricht zu ihm: Weide meine Lämmer! Wiederum spricht er zum zweiten Mal zu ihm: Simon, Sohn des Jonas, liebst du mich? Er antwortete ihm: Ja, Herr, du weißt, dass ich dich lieb habe. Er spricht zu ihm: Hüte meine Schafe! Und das dritte Mal fragt er ihn: Simon, Sohn des Jonas, hast du mich lieb? Da wurde Petrus traurig, dass er ihn das dritte Mal fragte: Hast du mich lieb?, und er sprach zu ihm: Herr, du weißt alle Dinge; du weißt, dass ich dich lieb habe. Jesus spricht zu ihm: Weide meine Schafe!" (Johannes 21,15-17).

Was erwartet der Herr von denen, die Er als Hirten für Seine Schafe erwählt? Dass sie Ihn lieben, und dass sie diese wohl schwerste und verantwortungsvollste Aufgabe in dieser Welt aus keiner anderen Motivation anstreben. Denn nur in der Liebe liegt die Kraft, diesen Dienst gut und anhaltend ausüben zu können.

Liebe und Demut. Petrus, der dem Herrn versprochen hatte, eher zu sterben als Ihn zu verleugnen, verleugnete Ihn in der Nacht Seiner Gefangennahme jedoch gleich drei Mal hintereinander. Nach der Auferstehung war er ein gebrochener Mann. Er wagte es nicht einmal, die Fragen des Herrn so zu beantworten wie sie ihm gestellt wurden – er gebrauchte tatsächlich ein anderes, viel schwächeres Wort für lieben:

- *„Liebst du mich mehr als diese [mich lieben]?"* – *„Du weißt, dass ich dich lieb habe."* Offenbar sieht er sich nicht mehr als der Superjünger, der sich in aufopfernder Liebe hingeben würde. Er „mag" Jesus, er „hat ihn lieb."
- *„Liebst du mich?"* – *„Du weißt, dass ich dich lieb habe."* Das „mehr als diese" ist vom Tisch; aber Petrus antwortet immer noch mit dem sehr reduzierten „ich habe dich lieb."

- *„Hast du mich lieb?"* – *„Herr, du weißt alle Dinge; du weißt, dass ich dich lieb habe."* Jetzt verwendet der Herr das Wort, dass Petrus verwendet, und Petrus wurde traurig. Er würde so gerne mehr zusagen können, aber er wurde in jener Nacht unsanft auf den Boden seiner Möglichkeiten heruntergeholt. Dort holt der Herr ihn ab und beruft ihn.

Der Herr spricht ihn übrigens auch nicht mit Petrus an, sondern mit seinem eigentlichen Namen „Simon Sohn des Jonas". Der Arme hatte so gar nichts „Felsenhaftes" mehr an sich. Doch wie hell leuchtet hier die wiederherstellende Gnade Christi! Simon wurde wieder zu Petrus, aber zu einem geläuterten Petrus, der gelernt hatte, dass in ihm selbst nicht die Qualitäten zu finden waren, die Herde Gottes zu führen, nicht einmal ausreichend Liebe. Er musste lernen, sich von Christus füllen zu lassen und wie eine Rebe an Ihm als dem Weinstock zu hängen:

„Ich bin der wahre Weinstock, und mein Vater ist der Weingärtner. Jede Rebe an mir, die keine Frucht bringt, nimmt er weg; jede aber, die Frucht bringt, reinigt er, damit sie mehr Frucht bringt. Ihr seid schon rein um des Wortes willen, das ich zu euch geredet habe. Bleibt in mir, und ich bleibe in euch! Gleichwie die Rebe nicht von sich selbst aus Frucht bringen kann, wenn sie nicht am Weinstock bleibt, so auch ihr nicht, wenn ihr nicht in mir bleibt. Ich bin der Weinstock, ihr seid die Reben. Wer in mir bleibt und ich in ihm, der bringt viel Frucht; denn getrennt von mir könnt ihr nichts tun." (Johannes 15,1-5).

Solch eine Berufung setzt solch eine gesunde Liebe und Demut voraus, kann also nicht „sakramental" weitergegeben werden, indem ein Bischof dem anderen die Hände auflegt. Darum kann die Berufung des Petrus auch nicht so gesehen werden, als ginge diese automatisch an dessen Nachfolger weiter. Diese sind hier gar nicht im Blick.

Gemeindeleitungsdienst ist stets als Hirtendienst zu begreifen und in diesem Sinne muss er von diesem Dialog zwischen dem Herrn und Petrus her verstanden werden. Warum gerade Hirten? Weil Christus der Hirte ist – alles, was den Dienst des guten Hirten ausmacht, macht auch den Dienst der Gemeindeleiter aus, bis dahin, dass sie mit ihrem Leben für die Herde einzustehen bereit sein müssen. Es ist kein Mittelklassejob, den jeder „Mietling" gerne ergreifen würde, sondern eine Lebensberufung. Petrus schärft den anderen Hirten ein:

„Die Ältesten, die unter euch sind, ermahne ich als Mitältester und Zeuge der Leiden des Christus, aber auch als Teilhaber der Herrlichkeit, die geoffenbart werden soll: Hütet die Herde Gottes bei euch, indem ihr nicht gezwungen, sondern freiwillig Aufsicht übt, nicht nach schändlichem Gewinn strebend, sondern mit Hingabe, nicht als solche, die über das ihnen Zugewiesene herrschen, sondern indem ihr Vorbilder der Herde seid! Dann werdet ihr auch, wenn der oberste Hirte offenbar wird, den unverwelklichen Ehrenkranz empfangen." (1. Petrus 5,1-4).

Auf diese Weise soll Christus sichtbar gemacht werden als der eigentliche Hirte Seiner Herde. Sobald sich Menschen an dieser Berufung aber selbst erhöhen und in den Mittelpunkt stellen, beginnen ihre Macht zu missbrauchen oder sich zu bereichern, verdunkeln sie den Herrn und sind Ihm gegenüber untreu. Christus macht sehr klar, was Er mit solchen schlechten Leitern tun wird:

„Wer ist nun der treue und kluge Knecht, den sein Herr über seine Dienerschaft gesetzt hat, damit er ihnen die Speise gibt zur rechten Zeit? Glückselig ist jener Knecht, den sein Herr, wenn er kommt, bei solchem Tun finden wird. Wahrlich, ich sage euch: Er wird ihn über alle seine Güter setzen. Wenn aber jener böse Knecht in seinem Herzen spricht: Mein Herr säumt zu kommen! und anfängt, die Mitknechte zu schlagen und mit den Schlemmern zu essen und zu trinken, so wird der Herr jenes Knechtes an einem Tag kommen, da er es nicht erwartet, und zu einer Stunde, die er nicht kennt, und wird ihn entzweihauen und ihm seinen Teil mit den Heuchlern geben. Da wird das Heulen und Zähneknirschen sein." (Matthäus 24,45-51).

So wie der Gute Hirte Hirten für Seine Herde beruft, beruft der Himmlische Vater Familienväter für Seine Kinder. Wir sehen also, dass das biblische Leitungsverständnis immer auf Gott zurückweist und gewährleisten soll, dass die menschlich ausgeführte Leitung den Vater, den Sohn und den Heiligen Geist nicht überstrahlt. Das wird also von Ältesten bzw. Bischöfen (d.h. Aufsehern; synonym zu Ältesten) erwartet:

„Glaubwürdig ist das Wort: Wer nach einem Aufseherdienst trachtet, der begehrt eine vortreffliche Tätigkeit. Nun muss aber ein Aufseher untadelig sein, Mann einer Frau, nüchtern, besonnen, anständig, gastfreundlich, fähig zu lehren; nicht der Trunkenheit ergeben, nicht gewalttätig, nicht nach schändlichem Gewinn strebend, sondern gütig, nicht streitsüchtig, nicht geldgierig; einer, der seinem eigenen Haus gut vorsteht und die Kinder in Unterordnung hält mit aller Ehrbarkeit – wenn aber jemand seinem eigenen Haus nicht vorzustehen weiß, wie wird er für die Gemeinde Gottes sorgen? –, kein Neubekehrter, damit er nicht aufgeblasen wird und in das Gericht des Teufels fällt. Er muss aber auch ein gutes Zeugnis haben von denen außerhalb der Gemeinde, damit er nicht in üble Nachrede und in die Fallstricke des Teufels gerät.“ (1. Timotheus 3,1-7).

Wenn die Gemeinde Gottes Familie Gottes ist und auch so leben soll, muss sie von Menschen geleitet werden, die Familie verstehen, die selbst ihren eigenen Familien vorbildlich vorstehen und Erfahrung mitbringen. Es ist eine wahrhaft dämonische Idee, solchen das Heiraten zu verbieten (1. Timotheus 4,3)! Man kann diese Verfälschung des Leitungsdienstes nicht scharf genug zurückweisen, besonders wenn man diesen Zusammenhang zwischen der Familie Gottes und unseren irdischen Familien verstanden hat. Art und Wesen der Gemeindeleitung muss Art und Wesen der Gemeinde entsprechen.

Keine theologische Ausbildung macht uns zu guten und bewährten Familienvätern, das lernt man nur in der Schule des Lebens in der Nachfolge Christi. Darum ist das Hauptkriterium nicht, wie gut man knifflige theologische Fragen beantworten kann, sondern wie man mit Frau und Kindern umgeht und ob man die eigenen Kinder so im Herrn erzogen hat, dass auch diese den Weg in die Nachfolge Christi gewählt haben. Freilich kann kein Vater seinen Kindern den Glauben aufzwingen, aber zumindest sollten sie zu zuverlässigen, vertrauenswürdigen Menschen heranwachsen, die fähig sind, ein ordentliches Leben zu führen.

Es ist kein Wunder, dass diese Form des Leitungsdienstes recht bald sehr angegriffen war. Ist es nicht besser, wenn theologische Profis das übernehmen? Kurzfristig ja, wenn es nur darum ginge, eine fehlerfreie Theologie zu lehren, doch langfristig bedeutet das die Trennung der Gemeinde in Laien und Klerus, also die Entmündigung der Gemeindeglieder. Mündigkeit wird durch Übung erlangt, nicht durch ein Studium, und jeder Christ soll solch eine Mündigkeit anstreben:

„Denn obgleich ihr der Zeit nach Lehrer sein solltet, habt ihr es wieder nötig, dass man euch lehrt, was die Anfangsgründe der Aussprüche Gottes sind; und ihr seid solche geworden, die Milch nötig haben und nicht feste Speise. Wer nämlich noch Milch genießt, der ist unerfahren im Wort der Gerechtigkeit; denn er ist ein Unmündiger. Die feste Speise aber ist für die Gereiften, deren Sinne durch Übung geschult sind zur Unterscheidung des Guten und des Bösen." (Hebräer 5,12-14).

Es gibt keine Abkürzung zur Reife, und man kann in der Schule des Lebens auch keine Klassen überspringen. Darum hat Gott auch eine solche Form der Gemeindeleitung beschlossen, der ohne einem bestimmten Alter (und der altersgemäß zu erwartenden Reife) nicht entsprochen werden kann. So werden die Gemeindeleiter nicht umsonst meistens „Älteste" genannt, die aus dem Kreis der bewährten Familienväter erwählt werden sollen.

Solange solche nicht zur Verfügung stehen, gibt es andere, die diesen Hirtendienst ausüben, wenn auch noch nicht mit der Lebenserfahrung, die später zur Verfügung stehen würde. Folgende Stellen zeigen eine Leitung der Gemeinden, ehe Älteste eingesetzt werden konnten:

„Und Gott hat in der Gemeinde etliche eingesetzt, erstens als Apostel, zweitens als Propheten, drittens als Lehrer." (1. Korinther 12,28).

„Und Er hat etliche als Apostel gegeben, etliche als Propheten, etliche als Evangelisten, etliche als Hirten und Lehrer." (Epheser 4,11).

Sobald es aber möglich ist, sollte die Gemeindeleitung auf Älteste und Diakone umgestellt werden:

„Ich habe dich zu dem Zweck in Kreta zurückgelassen, damit du das, was noch mangelt, in Ordnung bringst und in jeder Stadt Älteste einsetzt, so wie ich dir die Anweisung gegeben habe: wenn einer untadelig ist, Mann einer Frau, und treue Kinder hat, über die keine Klage wegen Ausschweifung oder Aufsässigkeit vorliegt." (Titus 1,5-6).

Im Neuen Testament findet man keine darüber hinausgehenden Leitungsstrukturen. Das bedeutet aber nicht, dass weitere Anpassungen nicht dennoch legitim und notwendig werden können. So ergab es sich noch zu Lebzeiten des Apostels Johannes, dass die zahlreichen Hausgemeinden in einer Stadt ihre Leitung um einen Vorsitzenden erweiterten, welcher der Gemeinschaft der Ältesten der Stadt vorstand und die Besprechungen leitete – aus diesem Dienst wurde das, was wir als „Bischof" bezeichnen. Es ist auch nicht falsch, dass die Gemeinden in einer Region oder Stadt sich auf einen Vorsitzenden unter den Bischöfen einigten (Metropolit), doch je größer die Strukturen waren, desto mehr Eigenleben entwickelten sie. So wurden aus angesehenen *Personen* plötzlich anzustrebende *Positionen*, wo es um Macht und Einfluss ging, wo auf einmal „Kirchenpolitik" eine Rolle zu spielen begann.

Darum bin ich skeptisch gegenüber allem, was über die Grenzen einer Stadt hinaus organisiert sein will. Das Gemeindeleben spielt sich in den Hausgemeinden ab, nicht in den Bischofspalästen. Nicht alles, was pragmatisch und praktisch ist, ist auch gut. Eine Frage nämlich trieb die Jünger von Beginn an und immer wieder um:

„Es entstand aber auch ein Streit unter ihnen, wer von ihnen als der Größte zu gelten habe. Er aber sagte zu ihnen: Die Könige der Heidenvölker herrschen über sie, und ihre Gewalthaber nennt man Wohltäter. Ihr aber sollt nicht so sein; sondern der Größte unter euch soll sein wie der Jüngste, und der Führende wie der Dienende." (Lukas 22,24-26).

Es gibt Strukturen, die fördern diese falsche Herzenshaltung; und es beginnt meist damit, dass man Ämter- und Dienstbeschreibungen als „Titel" missversteht und dementsprechend gebraucht. Das ist der Stein, der die Lawine ins Rollen bringt, und das war auch die erste klare Warnung des Herrn, wenn es um die biblische Gemeindeleitung geht:

„Ihr aber sollt euch nicht Rabbi nennen lassen, denn einer ist euer Meister, der Christus; ihr aber seid alle Brüder. Nennt auch niemand auf Erden euren Vater; denn einer ist euer Vater, der im Himmel ist. Auch sollt ihr euch nicht Meister nennen lassen; denn einer ist euer Meister, der Christus. Der Größte aber unter euch soll euer Diener sein. Wer sich aber selbst erhöht, der wird erniedrigt werden; und wer sich selbst erniedrigt, der wird erhöht werden." (Matthäus 23,8-12).

Nie soll etwas anderes anstelle der Leitung Christi treten. Gemeindeleitung, richtig verstanden, wird daher immer Christus ins Zentrum stellen und mit dem Wesen der Gemeinde (Gottes Familie) im Einklang stehen. Es ist so profund und einfach zugleich, wer wollte es da anders haben? Welches System könnte auch nur annähernd viel gute Frucht bringen wie dieses? Wo reifen die Kinder Gottes am ehesten zur Mündigkeit in Christus heran?

6. Zeuge
Die Apostolischen Konstitutionen
(vor 400): Leitung durch Familienväter

Da sich gerade in Leitungsfragen ab dem dritten Jahrhundert mehr und mehr eine „Professionalisierung" eingeschlichen hat, sind die wenigen Texte, die das ursprüngliche Leitungsverständnis widerspiegeln, besonders bedeutsam. Die Didaché (um 80) haben wir schon kennengelernt und zitiere ich als das früheste Zeugnis nach dem Neuen Testament:

„Wählet euch Bischöfe und Diakonen, würdig des Herrn, Männer voll Milde und frei von Geldgier, voll Wahrheitsliebe, erprobte; denn sie sind es, die für euch versehen den heiligen Dienst der Propheten und Lehrer. Achtet sie deshalb nicht gering; denn sie sind eure Geehrten mit den Propheten und Lehrern. Weiset einander zurecht nicht im Zorn, sondern in Frieden, wie ihr's im Evangelium habet; und mit jedem, der sich verfehlt hat gegen seinen Nächsten, soll keiner sprechen, und er soll von euch nichts hören, bis er sich bekehrt hat. Eure Gebete, eure Almosen und alle eure Handlungen sollt ihr so verrichten, wie ihr's habet im Evangelium unseres Herrn." (Didaché 15,1-4).

Ausführlicher und immerhin noch Ende des 4. Jahrhunderts beschreiben die Apostolischen Konstitutionen den biblischen Leitungsdienst, obwohl er sich zu jener Zeit in der Praxis bereits anders darstellte:

*„In Betreff der Bischöfe haben wir von unserm Herrn gehört, dass der Hirte, welcher als Bischof in irgendeiner Kirche oder Gemeinde aufgestellt ist, unbescholten sein muss, tadellos, unberührt von jeglicher Ungerechtigkeit der Welt, und **nicht jünger als fünfzig Jahre**, so dass er in jeglicher Weise die jugendlichen*

Zügellosigkeiten flieht und verschont bleibt von den Vorwürfen der Heiden und den gotteslästerlichen Beschuldigungen der falschen Brüder." (Apostolische Konstitutionen II,1).

Wenn es keine Brüder gibt, die über fünfzig Jahre alt waren, und es jüngere, bewährte und begabte Männer gab, konnte man diese auch einsetzen, aber das Alter spielte eine Rolle, denn es gibt in der Schule des Lebens (wie gesagt) keine Abkürzungen. Was sagen die Apostolischen Konstitutionen noch?

*„Der Bischof sei also auch nüchtern, keusch, ehrbar, charaktervoll, gesetzt, kein Weinsäufer, kein Raufbold, sondern bescheiden, nicht streitsüchtig, nicht geldgierig, nicht erst Christ geworden, damit er nicht hochmütig gemacht ins Gericht komme und in die Schlinge des Teufels, denn jeder, der sich selbst erhöht, wird erniedriget werden. Der Bischof muss aber von folgender Beschaffenheit sein: Er sei der **Mann eines einmal verheirateten Weibes, der seinem Hause wohl vorsteht.** Denn so soll er geprüft werden, wenn er die Handauflegung selbst empfängt und auf einen bischöflichen Stuhl gesetzt wird: ob er sei ehrwürdig, gläubig, ehrbar, ob er ein züchtiges, ehrbares, gläubiges Weib entweder habe oder gehabt habe, ob er die Kinder fromm auferzogen und in der Lehre des Herrn unterrichtet und vorwärts gebracht habe; ob die Angehörigen seines Hauses ihn fürchten und achten, und ob alle ihm gehorsam sind. Denn wenn die, welche dem Fleische nach zu ihm in Verwandtschaft stehen, gegen ihn sich auflehnen und ungehorsam sind, d. h. sich nicht belehren lassen, wie werden die, welche ihm fremd sind, sich ihm unterwerfen, da sie seiner Sorge und Obhut unterstellt werden?"* (Apostolische Konstitutionen II,2).

„Es soll darüber Prüfung angestellt werden, ob der Bischof tadellos ist bezüglich seines Vorlebens, denn es steht geschrieben: „Sehet fleißig zu, dass keine Makel an

demjenigen sei, welcher zum Priestertum auserwählt werden soll." Er sei also nicht zum Zorne geneigt. Denn es sagt die Weisheit: „Der Zorn richtet auch den Klugen zu Grunde." Zudem sei er auch mutig, barmherzig und liebevoll. Denn es sagt der Herr: „Daran erkennen alle, dass ihr meine Jünger seid, wenn ihr einander liebet." Er sei auch freigebig, mitleidig gegen Witwen, gastfreundlich, dienstbereit, unermüdlich bescheiden, endlich wisse er wohl zu unterscheiden, wer der Erhörung würdiger sei." (Apostolische Konstitutionen II,3).

Das Amtsverständnis (die Amtsausübung) ist bereits deutlich ausformulierter (es sind noch mehr Kapitel), besonders was seine Aufgaben bei der Zurechtweisung von Sündern in der Gemeinde betrifft. Dennoch blieb der Grundsatz – Gottes Familie, geleitet von einem Familienvater – gültig und in Kraft. Es ist wohl notwendig, die Art und Weise, wie heute Pastoren berufen und eingestellt werden, gründlich zu hinterfragen. Vor allem: Wie kommt man als ganze Gemeinde dahin, dass aus der Gemeinde heraus qualifizierte Älteste erwachsen? Indem man großen Nachdruck auf gesunde Familien legt.

Der Leib Christi

Die Gemeinde hat also eine Struktur und „Hierarchie", aber anders als man es von jeder menschlichen Institution erwartet. Sie ist zwar durchaus „Top-Down" organisiert, doch es kommt darauf an, wer „on top" ist! Wir haben schon gesehen, dass Christus diesen Platz exklusiv für sich beansprucht. Kein Mensch, kein Priester, Bischof oder Papst kann und darf von sich behaupten, das Oberhaupt der Kirche oder einer Gemeinde zu sein. Um das noch besser zu veranschaulichen, gebraucht Paulus das Bild eines menschlichen Körpers:

„Denn gleichwie der Leib einer ist und doch viele Glieder hat, alle Glieder des einen Leibes aber, obwohl es viele sind, als Leib eins sind, so auch der Christus. Denn wir sind ja alle durch einen Geist in einen Leib hinein getauft worden, ob wir Juden sind oder Griechen, Knechte oder Freie, und wir sind alle getränkt worden zu einem Geist.

Denn auch der Leib ist nicht ein Glied, sondern viele. Wenn der Fuß spräche: Ich bin keine Hand, darum gehöre ich nicht zum Leib! – gehört er deswegen etwa nicht zum Leib? Und wenn das Ohr spräche: Ich bin kein Auge, darum gehöre ich nicht zum Leib! – gehört es deswegen etwa nicht zum Leib? Wenn der ganze Leib Auge wäre, wo bliebe das Gehör? Wenn er ganz Ohr wäre, wo bliebe der Geruchssinn? Nun aber hat Gott die Glieder, jedes einzelne von ihnen, so im Leib eingefügt, wie er gewollt hat. Wenn aber alles ein Glied wäre, wo bliebe der Leib?

Nun aber gibt es zwar viele Glieder, doch nur einen Leib. Und das Auge kann nicht zur Hand sagen: Ich brauche dich nicht! oder das Haupt zu den Füßen: Ich brauche euch nicht! Vielmehr sind gerade die scheinbar schwächeren Glieder des Leibes notwendig, und die Glieder am Leib, die wir für weniger ehrbar halten, umgeben wir mit desto größerer Ehre, und unsere weniger anständigen erhalten umso größere Anständigkeit; denn unsere anständigen brauchen es nicht. Gott aber hat den Leib so zusammengefügt, dass er dem geringeren Glied umso größere Ehre gab, damit es keinen Zwiespalt im Leib gebe, sondern die Glieder gleichermaßen füreinander sorgen. Und wenn ein Glied leidet, so leiden alle Glieder mit; und wenn ein Glied geehrt wird, so freuen sich alle Glieder mit. Ihr aber seid der Leib des Christus, und jeder ist ein Glied daran nach seinem Teil." (1. Korinther 12,12- 27).

Alle Christen sind miteinander verbunden wie die verschiedenen Körperteile und dementsprechend voneinander abhängig. Die verschiedenen Gaben des Geistes entsprechen den verschiedenen Funktionen der einzelnen Glieder eines menschlichen Körpers und sollen in derselben Weise zusammenwirken. Wenn ich aufstehen will, muss ich mich darauf verlassen, dass meine Beine mich tragen. Will ich gehen, muss ich darauf vertrauen können, dass meine Augen den Weg vor mir klar erkennen.

Das Traurige ist, dass die wenigsten Christen in Gemeinden sind, wo das gelebte Wirklichkeit ist, wo man das tagtäglich erfahren kann. Es ist eher so, dass die einzelnen Glieder getrennt voneinander leben und der Leib Christi als solcher nicht sichtbar wird. Die Vorstellung ist geradezu grotesk: Da liegt ein Torso im Bett, dem Arme und Beine fehlen. Schrill läutet Sonntag morgens der Wecker. Aus dem Vorzimmer treten zwei Beine zum Bett und verbinden sich mit dem Torso. Zwei Arme schweben aus dem Badezimmer herbei und schrauben sich an die Schultern. Zwei Augen kommen aus der Nachttischlade und hüpfen in die Augenhöhlen. Eine Hand greift zum Wasserglas, nimmt das Gebiss und gibt es in den Mund. Ein Kribbeln durchströmt den Körper, er beginnt sich aufzurichten. Dann macht er „Gottesdienst". Er greift sich ein Liederbuch und singt aus voller Kehle. Er kniet nieder zum Gebet. Er liest aus der Heiligen Schrift vor und hält sich eine Predigt. Danach nimmt er ein weißes Plätzchen, spricht die Segensworte und verzehrt es. Mit einem kleinen Schluck Wein spült er es hinunter. Zu guter Letzt segnet er sich und legt sich wieder auf sein Bett. Die Hand nimmt das Gebiss aus dem Mund und gibt es ins Wasserglas. Die Augen verschwinden in der Nachttischlade. Arme und Beine trennen sich vom Torso und begeben sich in ihre Ausgangspositionen im Bade- und Vorzimmer. Die Pflicht ist getan, und alles wartet auf den nächsten Sonntag, wenn der Wecker die ganze Gemeinde wieder zum Leben erwecken wird.

So wird deutlich, dass die allgemeine Kirchenpraxis so gar nicht zum Bild vom Leib Christi passt. Freilich gibt es einzelne Gemeindeglieder, die auch unter der Woche sehr aktiv sind und einander dienen, doch für die meisten erschöpft sich das Christsein in der „Sonntagspflicht". Erklärt das nicht treffend die allgemeine Lähmung, welche so viele Kirchen getroffen hat? So wie eine Familie vom täglichen Miteinander lebt, ist es auch im Leib Christi.

Das Haupt des Leibes ist dabei Christus selbst (und niemand sonst):

„Dieser ist das Ebenbild des unsichtbaren Gottes, der Erstgeborene, der über aller Schöpfung ist. Denn in ihm ist alles erschaffen worden, was im Himmel und was auf Erden ist, das Sichtbare und das Unsichtbare, seien es Throne oder Herrschaften oder Fürstentümer oder Gewalten: alles ist durch ihn und für ihn geschaffen; und er ist vor allem, und alles hat seinen Bestand in ihm.

Und er ist das Haupt des Leibes, der Gemeinde, er, der der Anfang ist, der Erstgeborene aus den Toten, damit er in allem der Erste sei. Denn es gefiel Gott, in ihm alle Fülle wohnen zu lassen und durch ihn alles mit sich selbst zu versöhnen, indem er Frieden machte durch das Blut seines Kreuzes – durch ihn, sowohl was auf Erden als auch was im Himmel ist.

Auch euch, die ihr einst entfremdet und feindlich gesinnt wart in den bösen Werken, hat er jetzt versöhnt in dem Leib seines Fleisches durch den Tod, um euch heilig und tadellos und unverklagbar darzustellen vor seinem Angesicht." (Kolosser 1,15-22).

Wie schrecklich anmaßend ist es, wenn ein Mensch sich zum Oberhaupt der Kirche erklärt! Wer will Christus den Rang streitig machen? Wer ist Ihm gleich an Macht, Ehre und Herrlichkeit? Wer hat sich wie Er für uns hingegeben, um uns zu versöhnen und zu heiligen? Darum ist es so wichtig, dass die Blicke aller Christen auf das Haupt des Leibes gerichtet sind und bleiben, und dass niemand dazwischentritt, kein Mensch, kein Engel, keiner, der von Menschen zu einem Heiligen erklärt worden ist. Jeder Christ ist durch den Heiligen Geist unmittelbar (d.h. es bedarf keiner anderen Mittler!) mit Ihm verbunden:

„Lasst nicht zu, dass euch irgendjemand um den Kampfpreis bringt, indem er sich in Demut und Verehrung von Engeln gefällt und sich in Sachen einlässt, die er nicht gesehen hat, wobei er ohne Grund aufgeblasen ist von seiner fleischlichen Gesinnung, und nicht festhält an dem Haupt, von dem aus der ganze Leib, durch die Gelenke und Bänder unterstützt und zusammengehalten, heranwächst in dem von Gott gewirkten Wachstum." (Kolosser 2,18-19).

Wir haben den klaren Aufruf, uns gegen solche Anmaßungen zu wehren, nicht zuzulassen, dass sich irgendjemand oder irgendetwas zwischen das Haupt und dessen Glieder drängt. Der Platz derer, die der Gemeinde vorstehen, ist unten bei den Füßen (wie der Herr selbst uns in der Fußwaschung deutlich gemacht hat). Nichts ist vom Haupt so weit entfernt wie die Füße. Gemeindeleiter sollen nie auch nur in die Nähe des Hauptes kommen, damit die Blicke der Gemeindeglieder sich nur ja nicht auf sie richten! Diener soll man so gut wie gar nicht bemerken, sollen im Hintergrund bleiben. Wer predigt und am Wort dient, muss sehr darauf achten, Christus reden zu lassen, Sein Sprachrohr zu sein, nichts als die Aussprüche Gottes zu verkünden.

Das Ziel der Gemeindeleitung ist, den einzelnen Gliedern des Leibes dieses Zusammenwirken beizubringen:

„Und Er hat etliche als Apostel gegeben, etliche als Propheten, etliche als Evangelisten, etliche als Hirten und Lehrer, zur Zurüstung der Heiligen, für das Werk des Dienstes, für die Erbauung des Leibes des Christus, bis wir alle zur Einheit des Glaubens und der Erkenntnis des Sohnes Gottes gelangen, zur vollkommenen Mannesreife, zum Maß der vollen Größe des Christus; damit wir nicht mehr Unmündige seien, hin- und hergeworfen und umhergetrieben von jedem Wind der Lehre durch das betrügerische Spiel der Menschen, durch die Schlauheit, mit der sie zum Irrtum verführen, sondern, wahrhaftig in der Liebe, heranwachsen in allen Stücken zu ihm hin, der das Haupt ist, der Christus. Von ihm aus vollbringt der ganze Leib, zusammengefügt und verbunden durch alle Gelenke, die einander Handreichung tun nach dem Maß der Leistungsfähigkeit jedes einzelnen Gliedes, das Wachstum des Leibes zur Auferbauung seiner selbst in Liebe." (Epheser 4,11-16).

Auf diese Weise wird Christus auf Erden sichtbar; durch die Gemeinde ist Christus leiblich gegenwärtig und erfahrbar – doch nur, wenn wir in dieser Weise zusammenwirken, was ein gemeinschaftliches Leben unabdingbar macht. So ist der Leib Christi nicht nur im Sinne Seines Opfertodes im Brot gegenwärtig, sondern auch im Sinne der Gemeinde, die Sein Leib ist:

„Ich rede ja mit Verständigen; beurteilt ihr, was ich sage! Der Kelch des Segens, den wir segnen, ist er nicht die Gemeinschaft des Blutes des Christus? Das Brot, das wir brechen, ist es nicht die Gemeinschaft des Leibes des Christus? Denn es ist ein Brot, so sind wir, die vielen, ein Leib; denn wir alle haben Teil an dem einen Brot." (1. Korinther 10,15-17).

Darum wiegen Sünden gegen die Gemeinschaft auch so schwer:

- Wenn man nicht untereinander teilt
- Wenn man Streit und Spaltung verursacht
- Wenn man nach Nationalität und Herkunft Unterschiede macht
- Wenn man nicht mitleidet mit den Leidenden
- Wenn man sich nicht mitfreut mit den sich Freuenden
- Wenn man der Größte sein will statt der Diener aller
- Wenn man faul ist und seinen Teil nicht leisten will
- Wenn man schlecht übereinander redet
- Wenn man Sünde unangesprochen wuchern lässt

All das sind Krankheitskeime, die sich zu Krebsgeschwüren auswachsen und den Leib zerstören können. Das Bild vom Leib Christi ist also ganz zentral zum Verständnis des Wesens der Kirche, es fordert jeden einzelnen heraus. Hier gibt es keine passiven Konsumenten oder unbeteiligte Zuschauer mehr, jeder ist mit allem, was er ist, involviert. In keinem Moment unseres christlichen Lebens sind wir kein Glied am Leib Christi. Was bedeutet das? Dass unser Alltagsleben überall jenen Teilaspekt Christi sichtbar macht, der wir im Rahmen des ganzen Leibes sind. Ob wir unsere Kinder erziehen, unsere Ehepartner lieben, unsere Nachbarn besuchen, unserer Arbeit nachgehen, jemandem helfen … durch uns kommt Christus

zu den Menschen, zumindest eine Hand oder ein Ohr. Und in Gemeinschaft kommt Seine Fülle zur Geltung. Das ist Kirche wie damals!

Ein Haus aus lebendigen Steinen

Wörter erzeugen Bilder in uns. Diese Bilder sind seit Jahrhunderten untrennbar mit diesen Begriffen verbunden. Diese Verknüpfungen sind hartnäckig und kaum aufzulösen. Das erleichtert zwar die Kommunikation, wenn der Sprecher und der Zuhörer mit den Worten dasselbe assoziieren, aber es ist fatal, wenn falsche Bilder mit den Begriffen verknüpft sind. Dann redet man aneinander vorbei und die Botschaft wird unverständlich.

Wenn wir in der Bibel von Kirche oder Gemeinde lesen, erscheint uns sofort ein Bild von einem Gebäude, aber nicht das einer Herde, eines Leibes oder einer Familie. Uns steht zwangsläufig ein Sakralbau vor Augen, weil diese Verbindung seit Jahrhunderten fest etabliert ist. Es ist mein Anliegen in diesem Buch, dieses falsche Bild zu zertrümmern. Vielleicht erscheint es da und dort redundant, aber nur durch beharrliche Wiederholung, durch Einschärfen und nachdrückliches Einprägen können wir uns ein neues, zutreffendes und zunehmend klareres Bild von dem machen, was Kirche tatsächlich ist.

Eine gute Hilfestellung bietet uns Petrus, indem er von einem Tempel aus lebendigen Steinen spricht:

„Da ihr zu ihm gekommen seid, zu dem lebendigen Stein, der von den Menschen zwar verworfen, bei Gott aber auserwählt und kostbar ist, so lasst auch ihr euch nun als lebendige Steine aufbauen, als ein geistliches Haus, als ein heiliges Priestertum, um geistliche Opfer darzubringen, die Gott wohlgefällig sind durch Jesus Christus. Darum steht auch in der Schrift: »Siehe, ich lege in Zion einen

auserwählten, kostbaren Eckstein, und wer an ihn glaubt, soll nicht zuschanden
werden«.

Für euch nun, die ihr glaubt, ist er kostbar; für die aber, die sich weigern zu
glauben, gilt: »Der Stein, den die Bauleute verworfen haben, gerade der ist zum
Eckstein geworden«, ein »Stein des Anstoßens« und ein »Fels des Ärgernisses«.
Weil sie sich weigern, dem Wort zu glauben, nehmen sie Anstoß, wozu sie auch
bestimmt sind.

Ihr aber seid ein auserwähltes Geschlecht, ein königliches Priestertum, ein heiliges
Volk, ein Volk des Eigentums, damit ihr die Tugenden dessen verkündet, der euch
aus der Finsternis berufen hat zu seinem wunderbaren Licht – euch, die ihr einst
nicht ein Volk wart, jetzt aber Gottes Volk seid, und einst nicht begnadigt wart,
jetzt aber begnadigt seid." (1. Petrus 2,4-10).

Was für ein Bild soll in uns entstehen, wenn wir das Wort Kirche oder
Gemeinde hören? Eine Schar von Menschen, die gemeinsam den Herrn
loben und Seinen Namen verkündigen! Menschen, keine Steine! Weiters ist
das Priestertum kein sakrales Weihepriestertum mehr, sondern jeder
Christ hat die Stellung eines Priesters, ist gleichermaßen berufen und
befähigt, Gott Opfer zu bringen! Und diese Opfer sind keine blutigen
Schlachtopfer mehr, sondern Opfer des Lobes und Dankes, die von
unseren Lippen kommen. Geistliche Opfer, die durch ein geistliches
Priestertum in einem geistlichen Tempel dargebracht werden.

Der Gegensatz zu geistlich wäre buchstäblich, fleischlich oder irdisch – und
damit vorläufig und vergänglich. So war der alttestamentliche Gottesdienst beschaffen, nämlich als Bild und Andeutung des Geistlichen, welches wir erst im Neuen Bund durch den heiligen Geist erfassen und
verwirklichen können.

„Diese dienen einem Abbild und Schatten des Himmlischen, gemäß der göttlichen Weisung, die Mose erhielt, als er die Stiftshütte anfertigen sollte: »Achte darauf«, heißt es nämlich, »dass du alles nach dem Vorbild machst, das dir auf dem Berg gezeigt worden ist!«" (Hebräer 8,5).

„Indem er sagt: »Einen neuen [Bund werde ich mit euch machen]«, hat er den ersten Bund für veraltet erklärt; was aber veraltet ist und sich überlebt hat, das wird bald verschwinden.

Es hatte nun zwar auch der erste Bund gottesdienstliche Ordnungen und ein Heiligtum, das von dieser Welt war. Denn es war ein Zelt aufgerichtet, das vordere, in dem sich der Leuchter und der Tisch und die Schaubrote befanden; dieses wird das Heilige genannt. Hinter dem zweiten Vorhang aber befand sich das Zelt, welches das Allerheiligste genannt wird; zu diesem gehört der goldene Räucheraltar und die Bundeslade, überall mit Gold überzogen, und in dieser war der goldene Krug mit dem Manna und der Stab Aarons, der gesprosst hatte, und die Tafeln des Bundes; oben über ihr aber die Cherubim der Herrlichkeit, die den Sühnedeckel überschatteten, worüber jetzt nicht im einzelnen geredet werden soll.

Da nun dies so eingerichtet ist, betreten zwar die Priester allezeit das vordere Zelt zur Verrichtung des Gottesdienstes; in das zweite Zelt aber geht einmal im Jahr nur der Hohepriester, und zwar nicht ohne Blut, das er für sich selbst und für die Verirrungen des Volkes darbringt.

Damit zeigt der Heilige Geist deutlich, dass der Weg zum Heiligtum noch nicht offenbar gemacht ist, solange das vordere Zelt Bestand hat. Dieses ist ein Gleichnis für die gegenwärtige Zeit, in welcher Gaben und Opfer dargebracht werden, die, was das Gewissen anbelangt, den nicht vollkommen machen können, der den Gottesdienst verrichtet, der nur aus Speisen und Getränken und verschiedenen

Waschungen besteht und aus Verordnungen für das Fleisch, die bis zu der Zeit auferlegt sind, da eine bessere Ordnung eingeführt wird." (Hebräer 8,13-9,10).

Die althergebrachten Bilder, die wir mit Kirche, Gemeinde, Priester oder Opfer verbinden, sind die alttestamentlichen Bilder, die gegenständlichen, buchstäblichen, irdischen, schattenhaften, vorläufigen und vergänglichen Bilder. Diese aber sind obsolet geworden und besitzen keine Gültigkeit mehr. Sie waren ein Anschauungsobjekt, das uns wesentliche geistliche Lektionen vermitteln sollte (und das tun sie noch immer), aber nicht die Realität. Die Wirklichkeit ist himmlisch, unserer Wahrnehmung entzogen und zu hoch für unser Fassungsvermögen.

Die Wirklichkeit ist dieselbe, die Ausdrucksform aber dem Neuen Bund entsprechend: geistlich statt buchstäblich, himmlisch statt irdisch, lebendig statt tot, ewig statt vergänglich. Was ist passiert? Im Laufe der Kirchengeschichte, wohl ab dem dritten oder vierten Jahrhundert gewannen die alttestamentlichen Bilder wieder die Oberhand. So begann man, die Eucharistie wie eine kultische Opferhandlung zu zelebrieren. Es wurde ein Weihepriestertum eingerichtet, welches die übrigen Christen in den Stand von Laien zurückversetzte. Man begann Sakralbauten zu errichten, die mit Gold und Bildern reichlich geschmückt eine Stimmung der Heiligkeit vermitteln sollten – auf Basis von alttestamentlichen Assoziationen. Diese Kirchen sind alles andere als heimelig. Sie sind kalt und einschüchternd, man wagt kaum zu flüstern. Gott wohnt ja in diesem steinernen Tempel, diesem „Gotteshaus"! War das im Sinne Christi? Wo und wie soll Gott angebetet werden?

„Die Frau spricht zu ihm: Herr, ich sehe, dass du ein Prophet bist! Unsere Väter haben auf diesem Berg angebetet, und ihr sagt, in Jerusalem sei der Ort, wo man

anbeten soll. Jesus spricht zu ihr: Frau, glaube mir, es kommt die Stunde, wo ihr weder auf diesem Berg noch in Jerusalem den Vater anbeten werdet. Ihr betet an, was ihr nicht kennt; wir beten an, was wir kennen, denn das Heil kommt aus den Juden. Aber die Stunde kommt und ist schon da, wo die wahren Anbeter den Vater im Geist und in der Wahrheit anbeten werden; denn der Vater sucht solche Anbeter. Gott ist Geist, und die ihn anbeten, müssen ihn im Geist und in der Wahrheit anbeten." (Johannes 4,19-24).

Weder im Tempel von Jerusalem noch auf dem Berg Garizim, weder in Rom noch in Mekka will Gott Seinen Wohnort festmachen! Wir sollen Ihn in Geist und Wahrheit anbeten. Als die ersten Christen in Jerusalem dies begannen zu verkünden, störten sie den religiösen Frieden in der Stadt:

„Und Stephanus, voll Glauben und Kraft, tat Wunder und große Zeichen unter dem Volk. Aber etliche aus der sogenannten Synagoge der Libertiner und Kyrenäer und Alexandriner und derer von Cilicien und Asia standen auf und stritten mit Stephanus. Und sie konnten der Weisheit und dem Geist, in dem er redete, nicht widerstehen. Da stifteten sie Männer an, die sagten: Wir haben ihn Lästerworte reden hören gegen Mose und Gott! Und sie wiegelten das Volk und die Ältesten und die Schriftgelehrten auf und überfielen ihn, rissen ihn fort und führten ihn vor den Hohen Rat. Und sie stellten falsche Zeugen, die sagten: Dieser Mensch hört nicht auf, Lästerworte zu reden gegen diese heilige Stätte und das Gesetz! Denn wir haben ihn sagen hören: Jesus, der Nazarener wird diese Stätte zerstören und die Gebräuche ändern, die uns Mose überliefert hat! Und als alle, die im Hohen Rat saßen, ihn anblickten, sahen sie sein Angesicht wie das Angesicht eines Engels." (Apostelgeschichte 6,8-15).

Die Stimmung war extrem aufgeheizt, und Stephanus tat nichts, um seinen Kopf diplomatisch aus der Schlinge zu ziehen. Geradeheraus bekannte er vor dem Hohen Rat das Unerhörte:

„Das Zelt des Zeugnisses war in der Mitte unserer Väter in der Wüste, so wie der, welcher mit Mose redete, es zu machen befahl nach dem Vorbild, das er gesehen hatte. Dieses brachten auch unsere Väter, wie sie es empfangen hatten, mit Josua in das Land, als sie es von den Heiden in Besitz nahmen, die Gott vor dem Angesicht unserer Väter vertrieb, bis zu den Tagen Davids. Dieser fand Gnade vor Gott und bat, ob er für den Gott Jakobs eine Wohnung finden dürfe. Salomo aber erbaute ihm ein Haus.

Doch der Höchste wohnt nicht in Tempeln, die von Händen gemacht sind, wie der Prophet spricht: »Der Himmel ist mein Thron und die Erde der Schemel für meine Füße. Was für ein Haus wollt ihr mir bauen, spricht der Herr, oder wo ist der Ort, an dem ich ruhen soll? Hat nicht meine Hand das alles gemacht?« – Ihr Halsstarrigen und Unbeschnittenen an Herz und Ohren! Ihr widerstrebt allezeit dem Heiligen Geist; wie eure Väter, so auch ihr!" (Apostelgeschichte 7,44-51).

So wurde der junge Mann um der Wahrheit willen gesteinigt. Wer wollte bestreiten, dass Gott im Himmel wohnt? Bestreitet man es nicht direkt dadurch, indem man ein irdisches Gotteshaus errichtet und diesen als Wohnort Gottes bezeichnet? Im Alten Bund war dies zulässig aufgrund dessen, dass der Tempel und der priesterliche Dienst ein Vorbild zur Anschauung sein sollten bis der Neue Bund in Kraft trat. Nun aber ist er in Kraft, und die Bilder des Alten Bundes sind hinfällig!

Sowie auch die Beschneidung im Fleisch ein vorläufiges Bild auf die eigentliche Beschneidung des Herzens sein sollte, die neue Geburt:

„Denn in ihm wohnt die ganze Fülle der Gottheit leibhaftig; und ihr seid zur Fülle gebracht in ihm, der das Haupt jeder Herrschaft und Gewalt ist. In ihm seid ihr auch beschnitten mit einer Beschneidung, die nicht von Menschenhand geschehen ist, durch das Ablegen des fleischlichen Leibes der Sünden, in der Beschneidung des Christus, da ihr mit ihm begraben seid in der Taufe. In ihm seid ihr auch mitauferweckt worden durch den Glauben an die Kraftwirkung Gottes, der ihn aus den Toten auferweckt hat." (Kolosser 2,9-12).

Die bildhafte Handlung der Beschneidung der Vorhaut hat also seine Erfüllung in der Beschneidung des Herzens, der neuen Geburt, die in der Taufe vollzogen wurde. Woran denken wir, wenn wir Beschneidung hören? An kleine Kinder! Und so kam es, dass aufgrund der falschen Bildassoziation schließlich die kleinen Kinder gleich nach der Geburt getauft wurden. Woran denkt man, wenn man das Wort Volk hört? An eine Schar von Menschen mit gemeinsamer leiblicher Abstammung. Und so wurde das Christentum aufgrund dieser falschen Assoziation zu einer Religion, in die man hineingeboren wird – und die neue Geburt ging verloren (auch wenn sie „sakramental" behauptet wird). Das ist sehr ernst, denn Johannes schreibt es sehr deutlich:

„Allen aber, die ihn aufnahmen, denen gab er das Anrecht, Kinder Gottes zu werden, denen, die an seinen Namen glauben; die nicht aus dem Blut, noch aus dem Willen des Fleisches, noch aus dem Willen des Mannes, sondern aus Gott geboren sind." (Johannes 1,12-13).

Im Alten Bund beruhte das Volk Gottes auf leiblicher Abstammung. Im Neuen Bund aber auf der Neuen Geburt aus Gott, aus Wasser und Geist, wie sie in der Taufe geschenkt wird, wenn man wirklich von Herzen an den Namen Jesu glaubt und Ihm nachfolgen will!

Weil im Neuen Bund die Bilder des Alten Bundes aufgelöst werden und die Wirklichkeit zur Geltung kommt, dürfen wir nicht mehr in die Formen, Denk- und Verhaltensweisen des Alten Bundes zurückfallen. Wir müssen daher aufpassen, welche Bilder wir mit den biblischen Begriffen verbinden:

Alter Bund	Neuer Bund
Beschneidung der Vorhaut	Neue Geburt aus Wasser und Geist
Leibliche Abstammung von Abraham	Söhne Abrahams durch den Glauben an Christus
Volk Gottes in Form der 12 Stämme Israels	Ein Volk aus Jüngern, die aus allen Nationen herausgerufen werden
Ein Weihepriestertum, das für das Volk die Brücke zu Gott schlägt und die Opfer darbringt	Jeder Christ ist ein Priester und bringt geistliche Opfer (Lob und Dank); sie bedürfen keines anderen Mittlers als Christus
Ein Tempel aus Steinen, prächtig geschmückt, mit einem Allerheiligsten, das nur der Hohepriester betreten darf.	Der Vorhang im Tempel ist zerrissen. Alle Christen haben durch den Geist Gottes Zugang zum Vater. Sie bilden als lebendige Steine den geistlichen Tempel Gottes.
Weihrauch vom Räucheraltar	Der Weihrauch symbolisierte die Gebete der Heiligen – jetzt räuchern sie nicht mehr, sondern im Namen Jesu Christi steigen die Gebete empor zu Gott.

Schlacht- und Brandopfer	Erfüllt in Christus, nur mehr Opfer des Lobes werden dargebracht.

Das eine ist fleischlich, irdisch, leblos, schattenhaft, vorbildlich, vergänglich und daher vorläufig. Das andere besteht in der Kraft des Heiligen Geistes, lebt und bleibt in Ewigkeit. Der Unterschied kann größer nicht sein!

Das ist mit ein Grund, warum die Kirche damals keine Kirchengebäude errichtete, sondern sich in ihren Wohnhäusern versammelte. Dieser Rahmen trägt der Tatsache Rechnung, dass die Kirche die Gemeinschaft der Gläubigen ist, die Familie Gottes. In diesem Setting kann man das glaubhaft leben, ohne dass man durch falsche Bilder und Formen auf falsche Gedanken kommt und dadurch wieder in die Denkweise und Formenwelt des Alten Bundes zurückfällt. Letzteres ist leider großteils geschehen, sodass unter Kirche etwas völlig anderes verstanden wird als der Herr und Seine Apostel gemeint haben. Soll das so bleiben? Es muss nicht so bleiben. Es kann jederzeit wieder neu begonnen werden, Kirche wie damals zu sein.

7. Zeuge:
Origenes († 253/254)
Kein Tempel, keine Bilder, ...

Dass Christen keine Tempel bauten und diese mit den Bildern ihres Gottes schmückten, irritierte die Heiden in der Nachbarschaft. Sie konnten es nicht verstehen, weil es so völlig anders war als sie es von ihrer Religion her kannten. Der Römer Celsus schrieb ein kritisches Werk gegen die Christen, auf das Origenes antwortete. Darin ging es auch um genau dieses Thema.

*„Hierauf sagt Celsus, **dass wir uns „scheuten, Altäre und Götterbilder und Tempel zu errichten"**; er meint nämlich, dass „das Vertrauen auf eine unsichtbare und geheimnisvolle Gemeinschaft" unsere „Losung" sei. Er sieht nicht, dass für uns „Altäre" dasselbe bedeuten, wie der Wille eines jeden Gerechten, von dem in wahrhafter und geistiger Weise wohlriechende **„Weihrauchopfer"** emporsteigen, nämlich **„die Gebete"**, die aus einem reinen Gewissen kommen. Deshalb heißt es bei Johannes in der Offenbarung: „Die Weihrauchopfer aber sind die Gebete der Heiligen" und bei dem Psalmisten: „Mein Gebet sei wie ein Weihrauchopfer vor dir!"*

„Götterbilder" aber und Gott gebührende Weihgeschenke, die nicht von gewöhnlichen Handwerkern angefertigt sind, sondern von dem Worte Gottes in uns klar und deutlich gestaltet werden, **das sind die Tugenden**, die Abbilder „des Erstgeborenen aller Schöpfung", in dem das Musterbild der Gerechtigkeit und Besonnenheit und Tapferkeit und Weisheit und Frömmigkeit und den Aufbau der übrigen Tugenden verschafft haben, sind solche „Götterbilder" errichtet, durch welche nach unserer Überzeugung das Urbild aller „Götterbilder", „das Abbild*

des unsichtbaren Gottes", „Gott, der eingeborene Sohn", in geziemender Weise geehrt wird. Auch diejenigen, welche „den alten Menschen mit seinen Taten ausziehen und den neuen anziehen, der erneuert wird zu Erkenntnis nach dem Bilde seines Schöpfers", welche also „dem Bilde des Schöpfers" ähnlich werden, errichten in sich solche „Götterbilder", wie sie der über allen waltende Gott wünscht.

Wie aber unter den Bildhauern und Malern die einen wunderbare Werke schaffen, zum Beispiel unter den ersteren Phidias oder Polyklet, unter den letzteren Zeuxis und Apelles, während andere weniger gute Bildwerke verfertigen, und wieder andere noch Geringeres leisten als die Meister zweiten Ranges, und wie überhaupt bei der Herstellung der Götterbilder und Gemälde eine große Verschiedenheit besteht: ebenso gibt es einige, die in besserer Weise als andere und mit vollkommenem Verständnis „Bilder" des allmächtigen Gottes zu gestalten vermögen, so dass der von Phidias geschaffene Olympische Zeus mit demjenigen, welcher „nach dem Abbild Gottes, des Schöpfers", gestaltet ist, gar nicht verglichen werden kann. **Weit besser aber und herrlicher als alle diese Bilder, welche in den geschaffenen Dingen sind, ist jenen das Bild, das in unserem Erlöser ist, der von sich sagt: Der Vater ist in mir."**

Auch ein jeder von denen, die ihn hierin nach Kräften nachahmen, trägt ein "Bild" in sich, das "nach dem Abbild des Schöpfers" gestaltet ist; dieses Bild aber bringen sie dadurch zustande, dass sie Gott mit reinem Herzen anschauen, da sie "Gott zum Vorbild genommen haben". Und im allgemeinen sind alle Christen bestrebt, solche "Altäre", wie wir gesagt haben, und solche "Götterbilder", wie wir sie beschrieben haben, zu errichten, nicht leblose und unempfindliche, nicht solche, die zur Aufnahme wollüstiger Dämonen, welche an leblosen Dingen hängen, geeignet sind, sondern **solche, die "den Geist Gottes" aufnehmen können,** der in den von uns genannten Bildern der Tugend und dem "nach dem Abbild des

Schöpfers" gestalteten Menschen seine vertraute Stätte hat; **so nimmt auch der Geist Christi bei den Menschen seinen Wohnsitz, die ihm, wenn ich so sagen soll, ähnlich gestaltet sind.** Solche Gedanken will das Wort Gottes darlegen, wenn es aufzeichnet, dass Gott den Gerechten die Verheißung gibt: "Ich will unter ihnen wohnen und unter ihnen wandeln, und ich werde ihr Gott sein, und sie werden mein Volk sein", und dass der Erlöser spricht: "Wenn jemand meine Worte hört und danach tut, so werden ich und mein Vater zu ihm kommen und Wohnung bei ihm machen."

Wer will, mag also "die Altäre", welche ich beschrieben habe, mit "den Altären" vergleichen, von welchen Celsus redet, und ebenso "die Bilder" in den Seelen derjenigen, welche den allmächtigen Gott fromm verehren, mit den Bildern" eines Phidias und Polyklet und ähnlicher Künstler; und er wird klar und deutlich erkennen, **dass die letzteren ohne Leben sind und mit der Zeit vergehen, während die ersteren in der unsterblichen Seele so lange bleiben, als die vernünftige Seele sie in sich erhalten will.**

Sollen wir aber auch „Tempel" mit „Tempeln" vergleichen, damit wir den Anhängern des Celsus nachweisen, dass wir uns nicht „scheuen, Tempel", die zu den genannten „Götterbildern und Altären" passend sind, zu errichten, aber es vermeiden, dem Urheber alles Lebens leblose und tote Tempel zu erbauen, so mag, wer Lust hat, hören, wie wir darüber belehrt werden, **dass unser Leib „ein Tempel Gottes" ist**, und dass „wenn einer" durch seine Zuchtlosigkeit oder Sünde „den Tempel Gottes zerstört", dieser, da er wahrhaft gottlos gegen den wahren Tempel gehandelt hat, zugrunde gehen wird. **Von allen „Tempeln" aber, die man so in diesem Sinne nennt, war der heilige und reine Leib unseres Heilandes Jesus der herrlichste und beste.** Da er wusste, dass gottlose Menschen auf Zerstörung „des Tempels Gottes", der in ihm war, sinnen konnten, doch nicht so, dass ihr Wille stärker gewesen wäre als die göttliche Kraft, die diesen

Tempel baute, spricht er zu ihnen: „Brechet diesen Tempel ab, in drei Tagen werde ich ihn wieder aufrichten" „Er sagte dies aber von dem Tempel seines Leibes."

Auch sonst drücken sich die heiligen Schriften ähnlich aus; denn wo sie denen, die ein höheres Verständnis für die Worte Gottes haben, die Lehre von der Auferstehung in geheimnisvoller Weise mitteilen, sprechen sie davon, **dass sie „aus lebenden und sehr kostbaren Steinen aufgebaut werden würden".** Sie deuten damit dunkel an, dass ein jeder von denen, die sich durch dasselbe Wort Gottes zu der Frömmigkeit begeistern lassen, die es verlangt, „ein kostbarer Stein" des ganzen Tempels Gottes sei. Daher sagt Petrus: „Lasset euch aufbauen als lebendige Steine und als ein geistliches Haus zu einem heiligen Priestertum, um geistliche Opfer darzubringen, welche Gott wohlgefällig sind, durch Jesus Christus;" desgleichen Paulus: „Auferbaut auf dem Grund der Apostel und Propheten, während Christus Jesus unser Herr selbst der Eckstein ist." Einen solchen geheimnisvollen Sinn haben auch die Worte bei Jesaia, die an die Stadt Jerusalem gerichtet zu sein scheinen und so lauten: „Siehe, ich will deine Steine aus Rubinen bereiten und deine Grundfesten aus Sapphiren, deine Zinnen will ich aus Jaspis machen und deine Tore aus Bergkristallen und deine Umfassungsmauer aus erlesenen Steinen und alle deine Söhne zu Jüngern Gottes; und in großem Frieden deine Kinder, und mit Gerechtigkeit wirst du gebaut werden."

Einige von den Gerechten sind also „Rubine" und andere „Sapphire" und andere „Jaspis" und andere „Kristallsteine"; **Und so sind die Gerechten jede Art von auserlesenen und kostbaren Steinen.** Welche Bedeutung diese Steine haben, welche natürlichen Eigenschaften sie besitzen, und auf welche Art von Seelen der Name jedes kostbareren Steines besonders angewendet werden kann, ist hier nicht der Ort darzulegen. Es war nur nötig, kurz zu erwähnen, was es mit unsern „Tempeln" für eine Bewandtnis habe, und wie der eine „Tempel" Gottes zu verstehen sei, der aus kostbaren Steinen erbaut ist. Wenn sich die Einwohner *einzelner Städte andern gegenüber mit ihren Tempeln brüsten wollten, so würden wohl diejenigen, die sich auf die größere Kostbarkeit ihrer Tempel viel einbilden, die Vorzüge ihrer eigenen Tempel aufzählen, um nachzuweisen, dass die andern weit nachstehen müssen. Wir handeln nun ebenso.* **Wer es uns zum Vorwurf macht, dass wir die Gottheit nicht mit leblosen „Tempeln" verehren zu dürfen glauben, den weisen wir auf unsere „Tempel" hin** und zeigen denjenigen, **die nicht empfindungslos und ihren empfindungslosen Göttern nicht ähnlich sind, dass sich gar kein Vergleich ziehen lässt zwischen unsern „Bildern" und den „Bildern" der Heiden oder zwischen unsern „Altären" mit dem Räucherwerk, um mich so auszudrücken, das von diesen emporsteigt, und den „Altären" jener mit ihrem Fettdampf und Blut, aber auch nicht zwischen unsern „Tempeln", über die wir berichtet haben, und den „Tempeln" der empfindungslosen Götter; denn diese werden nur von empfindungslosen Menschen bewundert,** *die sich von dem göttlichen Sinn, der uns Gott und seine „Bilder und Tempel und Altäre" wahrnehmen lässt, so wie sie Gott geziemen, gar keine Vorstellung machen können.*

Nicht mit Rücksicht auf „das Vertrauen" also, das wir in eine „unsichtbare und geheimnisvolle Gemeinschaft" setzen, und auf eine solche „Losung" „scheuen wir uns, Altäre und Götterbilder und Tempel zu errichten", sondern **weil wir durch Jesu Lehre die rechte Art, Gott zu verehren, gefunden haben** *und nun alles fliehen, was unter dem falschen Schein der Frömmigkeit diejenigen zu Gottlosen macht, welche von der durch Jesus Christus gezeigten Frömmigkeit abgeirrt sind. Denn er allein ist „der Weg" zur Frömmigkeit, der mit voller Wahrheit von sich sagen konnte: „Ich bin der Weg und die Wahrheit und das Leben."* (Gegen Celsus VIII,17-20).

Man sieht an diesen tiefgründigen Ausführungen, dass das, was die Heilige Schrift allgemeinverständlich überliefert, auch allgemein so verstanden wurde. So braucht niemand sich durch jahrhundertealte Traditionen oder winkelzügigen Erläuterungen von Theologen einschüchtern lassen. Es ist so einfach, dass es Kinder verstehen können. Und doch so anders, dass Christen, die in der überkommenen Tradition gefestigt sind, sich extrem schwer tun, die falschen Bilder aus dem Kopf zu bekommen. Aber was nützt es, den richtigen Herrn zu bekennen und auch zu lieben, aber nicht in Seiner Kirche zu sein?

Abgesondert von der Welt

Der Begriff der „Absonderung von der Welt" ist bereits mehrmals gefallen, zuerst bei der Predigt des Petrus in Jerusalem:

„Und noch mit vielen anderen Worten gab er Zeugnis und ermahnte und sprach: Lasst euch retten aus diesem verkehrten Geschlecht!" (Apostelgeschichte 2,41).

Er hat offenbar länger darüber geredet und sehr nachdrücklich. Aber was bedeutet das genau? Es geht um einen neuen und völlig anderen Lebensstil. Praktisch jeder Apostel spricht dieses Thema an, weshalb wir es als wirklich wesentlich betrachten sollten:

„Das sage und bezeuge ich nun im Herrn, dass ihr nicht mehr so wandeln sollt, wie die übrigen Heiden wandeln in der Nichtigkeit ihres Sinnes, deren Verstand verfinstert ist und die entfremdet sind dem Leben Gottes, wegen der Unwissenheit, die in ihnen ist, wegen der Verhärtung ihres Herzens; die, nachdem sie alles Empfinden verloren haben, sich der Zügellosigkeit ergeben haben, um jede Art von Unreinheit zu verüben mit unersättlicher Gier.

Ihr aber habt Christus nicht so kennengelernt; wenn ihr wirklich auf Ihn gehört habt und in ihm gelehrt worden seid – wie es auch Wahrheit ist in Jesus –, dass ihr, was den früheren Wandel betrifft, den alten Menschen abgelegt habt, der sich wegen der betrügerischen Begierden verderbte, dagegen erneuert werdet im Geist eurer Gesinnung und den neuen Menschen angezogen habt, der Gott entsprechend geschaffen ist in wahrhafter Gerechtigkeit und Heiligkeit." (Epheser 4,17-24).

Aus der neuen Geburt muss also ein neuer Lebensstil kommen. Christen haben ihren alten Menschen ausgezogen und werden in das Wesen, den Charakter Christi hinein umgestaltet. Zwischen der Lebensweise von Christen und jener, die Gott noch nicht kennengelernt haben, muss also ein gewaltiger und deutlich sichtbarer Unterschied bestehen. Christen leben zwar *in* derselben Welt und Gesellschaft wie alle anderen, aber nicht mehr *wie* diese. Die Einstellung zur Welt, ihren Werten, Gütern und Vergnügungen ist „distanziert", um es milde auszudrücken:

„Habt nicht lieb die Welt, noch was in der Welt ist! Wenn jemand die Welt lieb hat, so ist die Liebe des Vaters nicht in ihm. Denn alles, was in der Welt ist, die Fleischeslust, die Augenlust und der Hochmut des Lebens, ist nicht von dem Vater, sondern von der Welt. Und die Welt vergeht und ihre Lust; wer aber den Willen Gottes tut, der bleibt in Ewigkeit." (1. Johannes 2,15-17).

Hier gilt es, radikal umzudenken, denn so sind wir nicht erzogen worden (wenn unsere Eltern nicht schon Christen waren). Darum schreibt Petrus:

„Als gehorsame Kinder [Gottes] passt euch nicht den Begierden an, denen ihr früher in eurer Unwissenheit dientet, sondern wie der, welcher euch berufen hat, heilig ist, sollt auch ihr heilig sein in eurem ganzen Wandel. Denn es steht geschrieben: »Ihr sollt heilig sein, denn ich bin heilig!«

Und wenn ihr den als Vater anruft, der ohne Ansehen der Person richtet nach dem Werk jedes einzelnen, so führt euren Wandel in Furcht, solange ihr euch hier als Fremdlinge aufhaltet. Denn ihr wisst ja, dass ihr nicht mit vergänglichen Dingen, mit Silber oder Gold, losgekauft worden seid aus eurem nichtigen, von den Vätern überlieferten Wandel, sondern mit dem kostbaren Blut des Christus, als eines makellosen und unbefleckten Lammes." (1. Petrus 1,14-19).

Petrus hebt hier ein paar Schlüsselworte hervor: „Heiligung" bedeutet, dass wir unsere Stellung als Heilige durch einen heiligen Wandel verwirklichen sollen, also rein, sittsam, besonnen, gerecht, gottesfürchtig, den Geboten Gottes gehorsam leben. Weiters bezeichnet er uns als „Fremdlinge", denn wenn wir uns von der Gesellschaft um uns absondern, gehören wir nicht mehr dazu und begreifen uns als Fremde, deren Heimat nicht mehr hier ist. Wir kennen das Sprichwort: *„Andere Länder, andere Sitten."* So ist auch das Reich Gottes ein anderes Land mit anderen Sitten. Das Land, in dem man aufgewachsen ist, nun nicht länger als Heimat zu bezeichnen, ist ein großer Schritt, der auch eine emotionale Loslösung beinhaltet. Das entfremdet uns auch von unseren Blutsverwandten, und es befremdet sie, dass wir nicht mehr so leben, wie wir es durch die elterliche Erziehung gelernt haben.

„Denn es ist für uns genug, dass wir die vergangene Zeit des Lebens nach dem Willen der Heiden zugebracht haben, indem wir uns gehen ließen in Ausschweifungen, Begierden, Trunksucht, Belustigungen, Trinkgelagen und frevelhaftem Götzendienst. Das befremdet sie, dass ihr nicht mitlauft in denselben heillosen Schlamm, und darum lästern sie; sie werden aber dem Rechenschaft geben müssen, der bereit ist, die Lebendigen und die Toten zu richten." (1. Petrus 4,3-5).

Wir wissen nämlich, dass jeder Mensch Gott gegenüber für sein Leben verantwortlich ist, sogar für jedes unnütze Wort, das über unsere Lippen gekommen ist. Jede Untreue, jeder Missbrauch von Gottes guten Gaben, jede Gewalttat, jedes selbstsüchtige Handeln, Überheblichkeit, Unehrlichkeit, Streit und Hader – alles, was das Leben bitter macht, jede Sünde bringt uns vor Gott in eine „unbequeme" Situation. Wie wollen wir das rechtfertigen? Damit, dass alle anderen es genauso machen? Was ist mit dem Gewissen? Nagt es nicht in jedem von uns, wenn wir Unrecht tun?

Die gute Botschaft ist, dass Gott uns vergeben, reinigen und heiligen will, dass Er uns in Seinem gekreuzigten und auferstandenen Sohn die Hand zur Versöhnung reicht. Diese bedingt aber, dass wir unser Leben in dem beschriebenen Sinn ändern:

„Darum legt die Lüge ab und »redet die Wahrheit, jeder mit seinem Nächsten«, denn wir sind untereinander Glieder. Zürnt ihr, so sündigt nicht; die Sonne gehe nicht unter über eurem Zorn! Gebt auch nicht Raum dem Teufel! Wer gestohlen hat, der stehle nicht mehr, sondern bemühe sich vielmehr, mit den Händen etwas Gutes zu erarbeiten, damit er dem Bedürftigen etwas zu geben habe. Kein schlechtes Wort soll aus eurem Mund kommen, sondern was gut ist zur Erbauung, wo es nötig ist, damit es den Hörern Gnade bringe. Und betrübt nicht den Heiligen Geist Gottes, mit dem ihr versiegelt worden seid für den Tag der Erlösung! Alle Bitterkeit und Wut und Zorn und Geschrei und Lästerung sei von euch weggetan samt aller Bosheit. Seid aber gegeneinander freundlich und barmherzig und vergebt einander, gleichwie auch Gott euch vergeben hat in Christus.

Werdet nun Gottes Nachahmer als geliebte Kinder und wandelt in der Liebe, gleichwie auch Christus uns geliebt und sich selbst für uns gegeben hat als Darbringung und Schlachtopfer, zu einem lieblichen Geruch für Gott.

Unzucht aber und alle Unreinheit oder Habsucht soll nicht einmal bei euch erwähnt werden, wie es Heiligen geziemt; auch nicht Schändlichkeit und albernes Geschwätz oder Witzeleien, die sich nicht gehören, sondern vielmehr Danksagung. Denn das sollt ihr wissen, dass kein Unzüchtiger oder Unreiner oder Habsüchtiger (der ein Götzendiener ist), ein Erbteil hat im Reich des Christus und Gottes.

Lasst euch von niemand mit leeren Worten verführen! Denn um dieser Dinge willen kommt der Zorn Gottes über die Söhne des Ungehorsams. So werdet nun nicht ihre Mitteilhaber!

Denn ihr wart einst Finsternis; jetzt aber seid ihr Licht in dem Herrn. Wandelt als Kinder des Lichts! Die Frucht des Geistes besteht nämlich in lauter Güte und Gerechtigkeit und Wahrheit.

Prüft also, was dem Herrn wohlgefällig ist, und habt keine Gemeinschaft mit den unfruchtbaren Werken der Finsternis, deckt sie vielmehr auf; denn was heimlich von ihnen getan wird, ist schändlich auch nur zu sagen. Das alles aber wird offenbar, wenn es vom Licht aufgedeckt wird; denn alles, was offenbar wird, das ist Licht. Darum heißt es: Wache auf, der du schläfst, und stehe auf aus den Toten, so wird Christus dich erleuchten!

Seht nun darauf, wie ihr mit Sorgfalt wandelt, nicht als Unweise, sondern als Weise; und kauft die Zeit aus, denn die Tage sind böse. Darum seid nicht unverständig, sondern seid verständig, was der Wille des Herrn ist!" (Epheser 4,25-5,17).

Natürlich ist das ein Lernprozess – Jünger zu sein, bedeutet Schüler zu sein. Es ist ein Heranwachsen zur Fülle des Christus, der sich in uns entfaltet und über die Jahre mehr und deutlicher sichtbar wird. Die Richtung muss stimmen, und es braucht durchaus Entschlossenheit, doch Perfektionismus und augenblickliche Vollkommenheit sind damit nicht gemeint. Wir alle bedürfen dabei der Langmut und Barmherzigkeit Gottes, mit der wir auch einander zu tragen und zu unterstützen haben.

Ganz ehrlich: Hört man das in den Kirchen heute noch? Selbst in Gemeinden, die nur Erwachsene taufen, wird das selten bis nie vor der Taufe gelehrt, wie Petrus es nachdrücklich zu Pfingsten tat. Wer sich taufen lässt, muss wissen, was für eine Veränderung das für ihn bedeutet! Stattdessen wird eine relativ billige Gnade verkündigt: *„Gott vergibt dir jede Sünde, ohne dein Zutun! Das ewige Leben ist ein bedingungsloses Geschenk der Liebe Gottes!"*

Doch ganz so stimmt es nicht, denn Gott erwartet Umkehr (einen Sinneswandel). Diese Umkehr ist das uneingeschränkte Ja zu den Wegen Gottes und das bestimmte Nein zur bisherigen sündhaften Lebensführung.

Ein glaubwürdiges und authentisches Christenleben ist eines, das das Wesen, die Liebe, den Charakter und die Tugenden Christi widerspiegelt. Nichts ist mehr verhasst als ein Heuchler, der Christus im Mund führt, aber wie ein Teufel lebt, oder weniger radikal gesagt, der Wasser predigt und Wein trinkt. Doch dieses Sprichwort gefällt mir weniger, da es den Eindruck vermittelt, das christliche Leben sei fad und geschmacklos wie abgestandenes Leitungswasser. Dabei hat Christus das Wasser in Wein verwandelt (das war Sein erstes Wunder), und dieser Wein war viel besser als der, den die Hochzeitsgäste bis dahin genossen hatten. Es ist viel mehr Freude auf dem Weg Christi als die Welt uns bieten kann. Disneyland? Ein trübsinniger Ort im Vergleich! Besäufnisse am Wochenende? Bereiten nur Kopfschmerzen und Scham. Sex bis zum Abwinken? Syphilis und Eifersucht. Die Freuden der Welt kommen alle um einen Preis, dessen Schmerz den Spaß um ein Vielfaches übertrifft.

Ein reines Gewissen, wie gut ist das! Ein tiefer innerer Friede, wie ruhig und gelassen uns das macht! Lieben und geliebt zu werden ohne Furcht, missbraucht und gedemütigt zu werden, welche Geborgenheit! Ein Leben befreit von allen existenziellen Sorgen, wer wünscht sich das nicht? Dazu die Gewissheit des ewigen Lebens; nichts auf Erden kann das bieten!

Zur Absonderung von der Welt treibt uns also auch der „Kostenfaktor". Wer weiß, wohin ein gottloses Leben führt, was es uns hier und in Ewigkeit kosten wird, wird davon schleunigst Abstand nehmen und der Heiligung nachjagen. Das ist ein glaubwürdiges Christenleben, ein Leben voll ansteckender Freude. Wer mieselsüchtig und mürrisch, widerspenstig und unzufrieden hinter dem Herrn Jesus nachschlurft, verhält sich nicht wie ein Jünger Jesu, sondern wie ein in Ketten gebundener Kriegsgefangener. So einer ist kein wirklicher Jünger, der hat das Wesentliche noch gar nicht verstanden. Es gibt zu viele Schafe in der Herde Christi, die da blöken: *„Mäh! Das ist gesetzlich!"* oder *„Mäh! Ich dachte, wir brauchen keine Werke tun!"* oder *„Mäh! Ich will mein eigener Herr sein!"* So ähnlich blökten auch die Israeliten in der Wüste, welche zurück nach Ägypten wollten, weil sie das Joch der Sklaverei vergessen hatten. Darum ist es wichtig, vor der Taufe über den Weg der Nachfolge unterwiesen zu werden, nicht erst danach wie das Kleingedruckte in einem Vertrag, das niemand lesen will. Die Heiligung ist Teil der Erlösung und davon nicht zu trennen.

Der Weg Jesu ist dabei ein Weg vollkommener Freude, auf den der Apostel Johannes uns herzlich einlädt:

„Was von Anfang war, was wir gehört haben, was wir mit unseren Augen gesehen haben, was wir angeschaut und was unsere Hände betastet haben vom Wort des Lebens – und das Leben ist erschienen, und wir haben gesehen und bezeugen und verkündigen euch das ewige Leben, das bei dem Vater war und uns erschienen ist –, was wir gesehen und gehört haben, das verkündigen wir euch, damit auch ihr Gemeinschaft mit uns habt; und unsere Gemeinschaft ist mit dem Vater und mit seinem Sohn Jesus Christus. Und dies schreiben wir euch, damit eure Freude vollkommen sei." (1. Johannes 1,1-4).

Ein schlichtes und bescheidenes Leben

Die Zufriedenheit in der Nachfolge Jesu hat auch mit Bescheidenheit zu tun. Wir brauchen nicht mehr all den Luxus, den Überfluss, den Schnickschnack dieser Welt. Der Mammon, also Geld und Besitz, blendet uns nicht länger, die wir aus der Fürsorge und Anerkennung Gottes leben. Statussymbole sind Hochmut, Begehrlichkeiten Habsucht, und Habsucht ist Götzendienst. Die Güter der Welt werden uns nie zufriedenstellen, sondern eher unsere Sorgen mehren:

„Ihr sollt euch nicht Schätze sammeln auf Erden, wo die Motten und der Rost sie fressen und wo die Diebe nachgraben und stehlen. Sammelt euch vielmehr Schätze im Himmel, wo weder die Motten noch der Rost sie fressen und wo die Diebe nicht nachgraben und stehlen! Denn wo euer Schatz ist, da wird auch euer Herz sein.

Das Auge ist die Leuchte des Leibes. Wenn nun dein Auge lauter ist [d.h. freigiebig], so wird dein ganzer Leib licht sein. Wenn aber dein Auge verdorben ist [d.h. geizig], so wird dein ganzer Leib finster sein. Wenn nun das Licht in dir Finsternis ist, wie groß wird dann die Finsternis sein!

Niemand kann zwei Herren dienen, denn entweder wird er den einen hassen und den anderen lieben, oder er wird dem einen anhängen und den anderen verachten. Ihr könnt nicht Gott dienen und dem Mammon!" (Matthäus 6,19-24).

Dieses Loslassen von allem, was wir besitzen (Lukas 14,33), führt uns nicht in den Abgrund, sondern in die Gemeinschaft, wo wir aus Gottes Fülle leben und alles teilen (Apostelgeschichte 4,32). Dieses Lossagen vom Mammon setzt Vertrauen voraus. Wird Gott uns wirklich versorgen? Brauchen wir jetzt gar nicht mehr arbeiten (das wäre wunderbar)? Der

Reihe nach: Es setzt Vertrauen voraus, und Vertrauen setzt voraus, Gott zu kennen:

„Darum sage ich euch: Sorgt euch nicht um euer Leben, was ihr essen und was ihr trinken sollt, noch um euren Leib, was ihr anziehen sollt! Ist nicht das Leben mehr als die Speise und der Leib mehr als die Kleidung? Seht die Vögel des Himmels an: Sie säen nicht und ernten nicht, sie sammeln auch nicht in die Scheunen, und euer himmlischer Vater ernährt sie doch. Seid ihr nicht viel mehr wert als sie? Wer aber von euch kann durch sein Sorgen zu seiner Lebenslänge eine einzige Elle hinzusetzen?

Und warum sorgt ihr euch um die Kleidung? Betrachtet die Lilien des Feldes, wie sie wachsen! Sie mühen sich nicht und spinnen nicht; ich sage euch aber, dass auch Salomo in all seiner Herrlichkeit nicht gekleidet gewesen ist wie eine von ihnen. Wenn nun Gott das Gras des Feldes, das heute steht und morgen in den Ofen geworfen wird, so kleidet, wird er das nicht viel mehr euch tun, ihr Kleingläubigen? Darum sollt ihr nicht sorgen und sagen: Was werden wir essen? oder: Was werden wir trinken? oder: Womit werden wir uns kleiden? Denn nach allen diesen Dingen trachten die Heiden, aber euer himmlischer Vater weiß, dass ihr das alles benötigt. Trachtet vielmehr zuerst nach dem Reich Gottes und nach seiner Gerechtigkeit, so wird euch dies alles hinzugefügt werden!" (Matthäus 6,25-33).

Wenn wir glauben, dass Gott die ganze Schöpfung allein durch Sein Wort aus dem Nichts ins Dasein gerufen hat, wie kann es uns dann schwer fallen, Ihm auch in diesen Dingen zu vertrauen? Wenn Christus Blinde geheilt und Tote auferweckt hat, warum sollten wir Ihm nicht für das tägliche Brot vertrauen? Hat Er nicht mit fünf Broten und zwei Fischen 5.000 Menschen satt gemacht?

Warum fällt uns dieses Vertrauen schwer? Weil es kein Vertrauen aus der Zuschauerperspektive ist, sondern direkt uns betrifft. Wenn der Herr Jesus Wunder tut, bewundern wir Ihn und applaudieren begeistert. Aber es betrifft uns nicht. So wie es uns betrifft, zögern wir instinktiv. Gegen dieses Zögern, Zaudern und Zweifeln gilt es anzukämpfen. Wir müssen die Schlussfolgerung verinnerlichen, dass wenn der Vater die Vögel des Himmels nährt und die Blumen des Feldes kleidet, Er dies *vielmehr* auch uns schenken wird. Unter einer Voraussetzung: Dass wir wirklich in allem und aus ganzem Herzen für das Reich Gottes leben.

Brauchen wir also gar nicht mehr zu arbeiten? Im Gegenteil, aber wir lernen, nicht mehr für uns selbst zu arbeiten, sondern so, dass wir einen Überschuss erwirtschaften, den wir jenen zukommen lassen, die nicht in der Lage sind, sich selbst zu erhalten. Oder dass wir nur so viel arbeiten, wie unbedingt für unseren Bedarf nötig ist, um mehr Zeit und Kraft für andere Bereiche des Reiches Gottes zu haben. Das Reich Gottes gibt unserer Arbeit einen neuen und tieferen Sinn, ist davon nicht getrennt, sondern ein integraler Bestandteil des Reiches.

„Silber oder Gold oder Kleidung habe ich von niemand begehrt; ihr wisst ja selbst, dass diese Hände für meine Bedürfnisse und für diejenigen meiner Gefährten gesorgt haben. In allem habe ich euch gezeigt, dass man so arbeiten und sich der Schwachen annehmen soll, eingedenk der Worte des Herrn Jesus, der selbst gesagt hat: Geben ist glückseliger als Nehmen!" (Apostelgeschichte 20,33-35).

Paulus hat seine Mitarbeiter „freigespielt", indem er auch für deren Bedürfnisse gearbeitet hat. In allem soll man auch der Armen gedenken, Barmherzigkeit erweisen und deren Mangel stillen. Wenn jemand reich ist,

ist das sogar eine heilsnotwendige Sache, die man mit Nachdruck lehren soll, wenn jemand sich der Gemeinde anschließen will:

„Den Reichen in der jetzigen Weltzeit gebiete, nicht hochmütig zu sein, auch nicht ihre Hoffnung auf die Unbeständigkeit des Reichtums zu setzen, sondern auf den lebendigen Gott, der uns alles reichlich zum Genuss darreicht. Sie sollen Gutes tun, reich werden an guten Werken, freigebig sein, bereit, mit anderen zu teilen, damit sie das ewige Leben ergreifen und so für sich selbst eine gute Grundlage für die Zukunft sammeln." (1. Timotheus 6,17-19).

Wie anders wären unsere Predigten und Taufvorbereitungen, würden wir dies beherzigen! Wie fruchtbar, glaubwürdig und erfüllt von Liebe wären unsere Gemeinden, würde man diese Texte nicht länger unter den Teppich kehren! So aber war die Gemeinde am Anfang.

Daraus folgt ein bescheidener Lebensstil, sowohl, was unsere täglichen Bedürfnisse, als auch, was unsere Erscheinung betrifft.

„Es ist allerdings die Gottesfurcht eine große Bereicherung, wenn sie mit Genügsamkeit verbunden wird. Denn wir haben nichts in die Welt hineingebracht, und es ist klar, dass wir auch nichts hinausbringen können. Wenn wir aber Nahrung und Kleidung haben, soll uns das genügen! Denn die, welche reich werden wollen, fallen in Versuchung und Fallstricke und viele törichte und schädliche Begierden, welche die Menschen in Untergang und Verderben stürzen. Denn die Geldgier ist eine Wurzel alles Bösen; etliche, die sich ihr hingegeben haben, sind vom Glauben abgeirrt und haben sich selbst viel Schmerzen verursacht." (1. Timotheus 6,6-10).

„Ebenso will ich auch, dass sich die Frauen in ehrbarem Anstand mit Schamhaftigkeit und Zucht schmücken, nicht mit Haarflechten oder Gold oder

Perlen oder aufwendiger Kleidung, sondern durch gute Werke, wie es sich für Frauen geziemt, die sich zur Gottesfurcht bekennen." (1. Timotheus 2,9-10).

Die Modeindustrie zielt bis heute vorwiegend auf Frauen, die oft ängstlich darum besorgt sind, als „schön" wahrgenommen zu werden, während Männer durch Kraft und Leistung glänzen wollen – im Allgemeinen. Grundsätzlich gilt es aber für Männer und Frauen gleichermaßen, dass wir bescheiden und zurückhaltend auftreten sollen. Dabei geht es nicht um eine bestimmte christliche Mode oder Tracht (Mönchskutten etwa oder die täuferischen Trachten der Amischen) sondern um Prinzipien, die zu jeder Zeit in jeder Kultur zu verwirklichen sind:

- Bescheidene Kleidung, preiswert ohne Statuswirkung.
- Männlich und weiblich eindeutig erkennbar (d.h. Frauen mit Röcken oder Kleidern, Männer mit Hosen).
- Nicht figurbetont, keine Blickfänge auf die „erogenen Zonen".
- Sauber und ordentlich.

Denn wie passt teure Markenkleidung zu einem bescheidenen Lebensstil? Wie kann jemand, der dem Mammon abgeschworen hat, extravaganten Schmuck tragen? Wie sollte jemand, der der Heiligung nachjagt, sich selbst sexuell aufreizend kleiden und damit anderen zum Fallstrick werden? Schön ist nicht, was die Blicke auf einen zieht, schön ist die Heiligkeit. Schön ist ein Gesicht, dessen Züge Zufriedenheit und Frieden ausstrahlen. Schön sind jene Augen, aus denen die Liebe Christi leuchtet. Die brauchen auch keine Wimperntusche und keinen Lidschatten. Schön sind die Lippen, die Wahrheit reden und nicht durch Lippenstift zur Unzucht verführen. Schön ist natürlich ergrautes Haar, welches die Schrift als eine Krone bezeichnet (Sprüche 16,31). Und Gott dürfte Gefallen an Bärten haben, denn so hat Er uns Männer erschaffen (Leviticus 19,27). So drücken wir durch unsere Kleidung und unsere ganze Erscheinung aus, dass wir den Werten und Begierden der Welt abgesagt haben.

Sehen wir das in den Kirchen und Gemeinden heute? Ist es nicht so, dass die meisten einen ganz normalen gutbürgerlichen oder gehoben mittelständischen Lebensstandard anstreben? Sehen Männer und Frauen nicht genau so aus wie die Menschen der Welt, die blindlings einer sexualisierten und statusbewussten Mode folgen? Lebt nicht jeder sein eigenes Leben und sitzen nicht Arme und Reiche nebeneinander in den Kirchenbänken, ohne dass die Begüterten den Bedürftigen ihren Mangel stillen? Stehen nicht Karriere und weltliche Wünsche, Urlaube, teures technisches Klimbim und dergleichen weit mehr im Fokus ihrer Lebensplanung als das Reich Gottes? Nicht bei jedem, und auch nicht bei jedem in extremen Ausmaßen, doch durchaus bei der Mehrheit jener, die sich Christen nennen. Ist es aber wenigstens in den Predigten noch Thema? Schweigen im Walde. Es scheint, der Schwerpunkt der theologischen Ausbildung dürfte darin liegen, das Unbequeme zu verheimlichen oder wegzuerklären und nur mehr das Schmeichelhafte zu verkünden. Der christliche Lebenswandel, der in der Frühzeit der Kirche die Welt erstaunte und irritierte, ist nur mehr in wenigen Randbereichen der Christenheit erkennbar.

„Bedenke nun, wovon du gefallen bist, und tue Buße und tue die ersten Werke!" (Offenbarung 2,5).

8. Zeuge:
Der Diognetbrief (150)
Wie Christen in der Welt leben

Im Jahr 150 schrieb ein gewisser Mathetes (d.h. Jünger) einen Brief an einen Herrn Diognet, in dem er diesem erklärte, was Christen glauben und wie sie leben. Er ist ein weit bekanntes Zeugnis dafür, wie die Kirche damals ihr Leben ausrichtete. Fürs erste scheint er den obigen Ausführungen zu widersprechen, als ob ja ohnedies kein Unterschied zwischen Christen und Nichtchristen bestehe. Doch dann legt Mathetes los! Tatsächlich geht es ja nicht um eine verkrampfte Andersartigkeit (also wir tragen jetzt alle rote Clownnasen), sondern um die Qualität der christlichen Lebensweise im Rahmen der Umgebungskultur. Damit ist dieser Bericht tatsächlich universal anwendbar, wie auch das Neue Testament nur Grundsätze lehrt, aber nicht spezifisch, welcher Schnitt, welche Farben oder andere Details zu gebrauchen wären.

Es gibt spezifischere Überlieferungen aus der frühen Kirche, etwa dass man nur ungefärbte Stoffe tragen sollte. Das hatte aber Kostengründe, denn gefärbte Stoffe waren teuer und konnten sich nur reiche Leute leisten. Somit ist das zwar ein Beispiel für eine bescheidene Lebensweise, aber heute sind Stoffe viel billiger (auch bunte), sodass diese Anwendung eher „gezwungen" wirken würde.

Mathetes aber geht es um die Qualität, und hier weiß er wirklich Verblüffendes zu berichten.

„Denn **die Christen sind weder durch Heimat noch durch Sprache und Sitten von den übrigen Menschen verschieden.** *Sie bewohnen nirgendwo eigene Städte, bedienen sich keiner abweichenden Sprache und führen auch kein absonderliches Leben. Keineswegs durch einen Einfall oder durch den Scharfsinn vorwitziger Menschen ist diese ihre Lehre aufgebracht worden und sie vertreten auch keine menschliche Schulweisheit wie andere. Sie bewohnen Städte von Griechen und Nichtgriechen, wie es einem jeden das Schicksal beschieden hat, und fügen sich der Landessitte in Kleidung, Nahrung und in der sonstigen Lebensart,* **legen aber dabei einen wunderbaren und anerkanntermaßen überraschenden Wandel in ihrem bürgerlichen Leben an den Tag.** *Sie bewohnen jeder sein Vaterland, aber nur* **wie Beisassen***; sie beteiligen sich an allem wie Bürger und lassen sich alles gefallen* **wie Fremde***; jede Fremde ist ihnen Vaterland und jedes Vaterland eine Fremde. Sie heiraten wie alle andern und zeugen Kinder, setzen aber die geborenen nicht aus.* **Sie haben gemeinsamen Tisch,** *aber kein gemeinsames Lager. Sie sind im Fleische, leben aber nicht nach dem Fleische.* **Sie weilen auf Erden, aber ihr Wandel ist im Himmel.** *Sie gehorchen den bestehenden Gesetzen und überbieten in ihrem Lebenswandel die Gesetze. Sie lieben alle und werden von allen verfolgt. Man kennt sie nicht und verurteilt sie doch, man tötet sie und bringt sie dadurch zum Leben, Sie sind arm und machen viele reich; sie leiden Mangel an allem und haben doch auch wieder an allem Überfluss, Sie werden missachtet und in der Missachtung verherrlicht; sie werden geschmäht und doch als gerecht befunden. Sie werden gekränkt und segnen, werden verspottet und erweisen Ehre. Sie tun Gutes und werden wie Übeltäter gestraft; mit dem Tode bestraft, freuen sie sich, als würden sie zum Leben erweckt. Von den Juden werden sie angefeindet wie Fremde, und von den Griechen werden sie verfolgt; aber einen Grund für ihre Feindschaft vermögen die Hasser nicht anzugeben.*

Um es kurz zu sagen, **was im Leibe die Seele ist, das sind in der Welt die Christen.** *Wie die Seele über alle Glieder des Leibes, so sind die Christen über die Städte der Welt verbreitet.* **Die Seele wohnt zwar im Leibe, stammt aber nicht aus dem Leibe; so wohnen die Christen in der Welt, sind aber nicht von der Welt.** *Die unsichtbare Seele ist in den sichtbaren Leib eingeschlossen; so weiß man zwar von den Christen, dass sie in der Welt sind, aber ihre Religion bleibt unsichtbar.* **Das Fleisch hasst und bekämpft die Seele, die ihm kein Leid antut, bloß weil es von ihr gehindert wird, seinen Lüsten zu frönen; ebenso hasst die Welt die Christen, die ihr nichts zuleide tun, nur weil sie sich ihren Lüsten widersetzen.** *Die Seele liebt das ihr feindselige Fleisch und die Glieder; so lieben auch die Christen ihre Hasser, Die Seele ist zwar vom Leibe umschlossen, hält aber den Leib zusammen; so werden auch die Christen von der Welt gleichsam in Gewahrsam gehalten, aber gerade sie halten die Welt zusammen. Unsterblich wohnt die Seele im sterblichen Zelt; so wohnen auch die Christen im Vergänglichen, erwarten aber die Unvergänglichkeit im Himmel. Schlecht bedient mit Speise und Trank, wird die Seele vollkommener; auch die Christen nehmen, wenn sie mit dem Tode bestraft werden, von Tag zu Tag mehr zu. In eine solche Stellung hat Gott sie versetzt, und sie haben nicht das Recht, dieselbe zu verlassen.*
…

Trägst auch du nach diesem Glauben Verlangen, so lerne zuerst den Vater kennen. *Denn Gott hat die Menschen geliebt; ihretwegen schuf er die Welt, ihnen unterwarf er alles auf Erden, ihnen gab er Rede, ihnen Vernunft; ihnen allein gestattete er, aufwärts zu ihm zu blicken; sie gestaltete er nach seinem Ebenbilde, ihnen sandte er seinen eingeborenen Sohn,* **ihnen verhieß er das Himmelreich und wird es geben denen, die ihn lieben. Von welcher Freude aber glaubst du wohl erfüllt zu werden, wenn du ihn erkannt hast?** *Oder wie wirst du den lieben, der dich so zuvor geliebt hat? Liebst du ihn aber, so wirst du auch ein*

Nachahmer seiner Güte sein. *Und wundere dich nicht, dass ein Mensch Nachahmer Gottes sein kann; er kann es, weil Gott es will.* **Denn das Glück besteht nicht darin, dass man über seine Nebenmenschen herrscht oder mehr haben will als die Schwächeren, auch nicht darin, dass man reich ist und die Niedrigen unterdrückt;** *in solchen Dingen kann niemand Gott nachahmen, sie liegen außerhalb seiner Majestät, Wer dagegen die Last seines Nächsten auf sich nimmt, wer dem Schwächeren helfen will in den Stücken, in denen er ihm überlegen ist, wer das, was er von Gott empfangen hat, den Bedürftigen spendet, der wird ein Gott für die Empfänger, er ist Gottes Nachahmer. Dann wirst du, auf Erden lebend, schauen, dass ein Gott im Himmel waltet; dann wirst du Gottes Geheimnisse zu reden anfangen; dann wirst du die, welche zum Tode geführt werden, weil sie Gott nicht verleugnen wollen, lieben und bewundern;* **dann wirst du die Täuschung und Irrung der Welt verachten, wenn du wahrhaft im Himmel zu leben verstehst,** *wenn du den scheinbaren Tod hienieden verachtest, wenn du den wirklichen Tod fürchtest, der denen vorbehalten ist, die zum ewigen Feuer verurteilt werden sollen, das die ihm überlieferten bis ans Ende peinigen wird. Dann wirst du die, welche sich um der Gerechtigkeit willen dem zeitlichen Feuer unterziehen, bewundern und seligpreisen, wenn du jenes Feuer kennst."* (Diognetbrief Kp. 5-6.10).

Ein himmlischer Lebenswandel voll Freude, Heiligkeit und barmherziger Liebe, und doch verhasst und verfolgt in aller Welt. Warum das so ist, wird im nächsten Abschnitt erklärt. Zu diesem Zeugen sei noch gesagt, dass es bewundernswert ist, wie er sich kein Blatt vor den Mund nimmt. Was er beschreibt, konnte damals jeder bestätigen, denn das war das gelebte Christentum der Frühzeit. Es wurde nicht verstanden, es wurde beargwöhnt und zum Teil auch gehasst, doch die Bewunderung überwog bei weitem. Darum wurden es auch immer mehr! Solch ein Christentum breitet sich durch seine Glaubwürdigkeit aus. Mathetes verschweigt nichts, er macht die Botschaft auch nicht billiger, damit sie leichter angenommen würde. Im Gegenteil: Gerade die Andersartigkeit der Gläubigen weckt die Neugier für die Botschaft, die sie nicht nur zu solch einem Leben antrieb, sondern auch den Märtyrertod willig ertragen ließ.

Schafe unter Wölfen

Wir haben schon vom Guten Hirten Jesus Christus gehört. Nun hat dieser Hirte aber etwas gesagt, was uns Seine Güte vielleicht hinterfragen lässt:

„Siehe, ich sende euch wie Schafe mitten unter die Wölfe. Darum seid klug wie die Schlangen und ohne Falsch wie die Tauben!" (Matthäus 10,16).

Wie das? Wie kann der Gute Hirte uns das zumuten? Das liegt daran, dass Gottes Reich im Feindesland verkündet und gebaut wird, wie es in den Psalmen heißt:

„Es sprach der Herr zu meinem Herrn: Setze dich zu meiner Rechten, bis ich deine Feinde zum Schemel deiner Füße mache. Den Stab deiner Macht wird der Herr von Sion aussenden, und so herrsche inmitten deiner Feinde." (Psalm 109[110],1-2).

Das Reich Gottes wird vom Fürsten der Welt, dem Teufel, naturgemäß angefeindet. Es ist ein geistlicher Kampf, und den müssen wir richtig verstehen, denn die Akteure dieses Kampfes sind menschlich, von den Herrschern der Welt bis hin zu den nächsten Verwandten. Als die Christenverfolgung in Jerusalem begann, versammelte sich die Gemeinde zum Gebet und erkannte aus den Psalmen, wo die Frontlinien verlaufen:

„Herr, du bist der Gott, der den Himmel und die Erde und das Meer gemacht hat und alles, was darinnen ist. Du hast durch den Mund deines Knechtes David gesagt: »Warum toben die Heiden und ersinnen die Völker Nichtiges? Die Könige der Erde lehnen sich auf, und die Fürsten versammeln sich miteinander gegen den Herrn und gegen seinen Gesalbten.« (Psalm 2,1-2)

Ja, wahrhaftig, gegen deinen heiligen Knecht Jesus, den du gesalbt hast, haben sich Herodes und Pontius Pilatus versammelt zusammen mit den Heiden und dem Volk Israel, um zu tun, was deine Hand und dein Ratschluss zuvor bestimmt hatte, dass es geschehen sollte. Und jetzt, Herr, sieh ihre Drohungen an und verleihe deinen Knechten, dein Wort mit aller Freimütigkeit zu reden, indem du deine Hand ausstreckst zur Heilung, und dass Zeichen und Wunder geschehen durch den Namen deines heiligen Knechtes Jesus!

Und als sie gebetet hatten, erbebte die Stätte, wo sie versammelt waren, und sie wurden alle mit Heiligem Geist erfüllt und redeten das Wort Gottes mit Freimütigkeit." (Apostelgeschichte 4,24-31).

Zuerst durch den Sündenfall (Genesis 3), dann durch die gefallenen Engel (Genesis 6), dann aber auch maßgeblich beim Turmbau von Babel (Genesis 11) versagte sowohl ein Teil der Engelwelt als auch der Großteil der Menschheit Gott die Treue und den Gehorsam. Rebellion! Die gesamte Heilsgeschichte der Bibel dreht sich um die Frage, wie Gott die Menschen wieder aus dieser Rebellion befreien kann, in die sie durch Satan und seine Engel hineingezogen wurden. Er will sich mit uns versöhnen und wieder zu Seinem Recht kommen in der Schöpfung, um am Ende alle Dinge wiederherzustellen in einer neuen Schöpfung (Apostelgeschichte 3,21). Das ist das Evangelium vom Reich Gottes. Es geht um weit mehr als Sündenvergebung, es geht um Versöhnung und die willige Annahme von Gottes guter Herrschaft in Christus. Bekehrung ist daher immer ein Herrschaftswechsel, wie Paulus dem König Agrippa erklärte:

„[Jesus sagte zu mir:] ich will dich erretten von dem Volk und den Heiden, unter die ich dich jetzt sende, um ihnen die Augen zu öffnen, damit sie sich bekehren von der Finsternis zum Licht und von der Herrschaft des Satans zu Gott, damit sie

Vergebung der Sünden empfangen und ein Erbteil unter denen, die durch den Glauben an mich geheiligt sind!" (Apostelgeschichte 26,17-18).

Den Kolossern schreibt Paulus daher:

„Er hat uns errettet aus der Herrschaft der Finsternis und hat uns versetzt in das Reich des Sohnes seiner Liebe, in dem wir die Erlösung haben durch sein Blut, die Vergebung der Sünden." (Kolosser 1,13-14).

Die eigentliche Frontlinie ist zwischen Gott und Seinem Widersacher Satan, der sich anmaßte, selbst Gott sein zu wollen und eine Rebellion in der unsichtbaren Welt anzettelte. Dabei verführte er auch die Menschheit mit dem falschen Versprechen, durch Ungehorsam selbst Götter werden zu können und keineswegs zu sterben, und zog sie so mit in diese Rebellion. Der freie Wille, den Gott allen intelligenten Geschöpfen gegeben hat, ist einerseits eine unbedingte Voraussetzung, Gott und einander lieben zu können, andererseits lässt er auch die Möglichkeit zu, Gott und den Nächsten zu hassen. Ein freier Wille ist wertlos, wenn es keine Wahl zwischen dem Guten und dem Bösen gäbe. Der Kampf zwischen Licht und Finsternis wird auf Erden durch die Menschen ausgetragen, doch eigentlich ist es ein Kampf zwischen Gott und Satan. Es ist ein klassischer Stellvertreterkrieg, und wir müssen uns stets daran erinnern, dass unser Feind nicht Gott ist, sondern der Rebell aus der Engelwelt. So schreibt uns Paulus mit Worten der Hoffnung und Kraft:

„Im übrigen, meine Brüder, seid stark in dem Herrn und in der Macht seiner Stärke. Zieht die ganze Waffenrüstung Gottes an, damit ihr standhalten könnt gegenüber den listigen Kunstgriffen des Teufels; denn unser Kampf richtet sich nicht gegen Fleisch und Blut, sondern gegen die Herrschaften, gegen die Gewalten,

gegen die Weltbeherrscher der Finsternis dieser Weltzeit, gegen die geistlichen Mächte der Bosheit in den himmlischen Regionen.

Deshalb ergreift die ganze Waffenrüstung Gottes, damit ihr am bösen Tag widerstehen und, nachdem ihr alles wohl ausgerichtet habt, euch behaupten könnt.

So steht nun fest, eure Lenden umgürtet mit Wahrheit, und angetan mit dem Brustpanzer der Gerechtigkeit, und die Füße gestiefelt mit der Bereitschaft zum Zeugnis für das Evangelium des Friedens. Vor allem aber ergreift den Schild des Glaubens, mit dem ihr alle feurigen Pfeile des Bösen auslöschen könnt, und nehmt auch den Helm des Heils und das Schwert des Geistes, welches das Wort Gottes ist, indem ihr zu jeder Zeit betet mit allem Gebet und Flehen im Geist, und wacht zu diesem Zweck in aller Ausdauer und Fürbitte für alle Heiligen, auch für mich, damit mir das Wort gegeben werde, so oft ich meinen Mund auftue, freimütig das Geheimnis des Evangeliums bekanntzumachen, für das ich ein Botschafter in Ketten bin, damit ich darin freimütig rede, wie ich reden soll." (Epheser 6,10-20).

Weil der Kampf ein Krieg in der unsichtbaren Welt ist, können unsere Mitmenschen nicht unsere Feinde sein. Im Gegenteil, sie sind Gefangene des Feindes, zum Kriegsdienst gegen Gott gezwungen, genötigt oder verführt, doch davon sollen sie frei werden, um mit Gott versöhnt zu werden.

Das ist die tiefere Begründung der Feindesliebe, die uns in der Bergpredigt geboten ist. Denn die menschlichen Feinde werden auch von Gott geliebt, und Er will sie gewinnen, nicht vernichten.

„Denn Christus ist, als wir noch kraftlos waren, zur bestimmten Zeit für Gottlose gestorben. ... Denn wenn wir mit Gott versöhnt worden sind durch den Tod seines

Sohnes, als wir noch Feinde waren, wieviel mehr werden wir als Versöhnte gerettet werden durch sein Leben!" (Römer 5,6.10).

Wir werden von Christus also in einen geistlichen Krieg geschickt, in dem uns aber nicht nur Dämonen gegenüberstehen, sondern Menschen, welche bewusst oder unbewusst als Söldner Satans gegen Christus kämpfen, und damit auch gegen die, die Ihm angehören.

„Hütet euch aber vor den Menschen! Denn sie werden euch den Gerichten ausliefern, und in ihren Synagogen werden sie euch geißeln; auch vor Fürsten und Könige wird man euch führen um meinetwillen, ihnen und den Heiden zum Zeugnis.

Wenn sie euch aber ausliefern, so sorgt euch nicht darum, wie oder was ihr reden sollt; denn es wird euch in jener Stunde gegeben werden, was ihr reden sollt. Denn nicht ihr seid es, die reden, sondern der Geist eures Vaters ist's, der durch euch redet.

Es wird aber ein Bruder den anderen zum Tode ausliefern und ein Vater sein Kind; und Kinder werden sich gegen die Eltern erheben und werden sie töten helfen. Und ihr werdet von jedermann gehasst sein um meines Namens willen. Wer aber ausharrt bis ans Ende, der wird gerettet werden. Wenn sie euch aber in der einen Stadt verfolgen, so flieht in eine andere. Denn wahrlich, ich sage euch: Ihr werdet mit den Städten Israels nicht fertig sein, bis der Sohn des Menschen kommt.

Der Jünger ist nicht über dem Meister, noch der Knecht über seinem Herrn; es ist für den Jünger genug, dass er sei wie sein Meister und der Knecht wie sein Herr. Haben sie den Hausherrn Beelzebul [Teufel] genannt, wieviel mehr seine Hausgenossen! So fürchtet euch nun nicht vor ihnen!" (Matthäus 10,17-26).

Die Menschen, die gegen uns ankämpfen, sind einerseits politische und religiöse Machthaber, andererseits reicht der Kampf bis in die Familien hinein:

„Ihr sollt nicht meinen, dass ich gekommen sei, Frieden auf die Erde zu bringen. Ich bin nicht gekommen, Frieden zu bringen, sondern das Schwert! Denn ich bin gekommen, den Menschen zu entzweien mit seinem Vater und die Tochter mit ihrer Mutter und die Schwiegertochter mit ihrer Schwiegermutter; und die Feinde des Menschen werden seine eigenen Hausgenossen sein. Wer Vater oder Mutter mehr liebt als mich, der ist meiner nicht wert; und wer Sohn oder Tochter mehr liebt als mich, der ist meiner nicht wert. Und wer nicht sein Kreuz auf sich nimmt und mir nachfolgt, der ist meiner nicht wert. Wer sein Leben findet [oder festhalten, bewahren will], der wird es verlieren; und wer sein Leben verliert um meinetwillen, der wird es finden!" (Matthäus 10,34-39).

Wir haben im Diognetbrief gesehen, dass dies tatsächlich so eingetroffen ist. Die Christen wurden von Beginn an blutig verfolgt; zuerst von den jüdischen Obrigkeiten und den Synagogenvorstehern in der Diaspora, bald auch von den römischen Statthaltern. Besonders blutig verfolgte der Kaiser Nero die Gemeinde; unter seiner Herrschaft wurden die Apostel Petrus und Paulus in Rom hingerichtet. Die Verfolgungen hielten mit unterschiedlicher Intensität bis Anfang des vierten Jahrhunderts an. Die römischen Kaiser konnten den Glaubensmut der Jünger jedoch nicht brechen. Dann kam die Wende, die sogenannte „Konstantinische Wende". Kaiser Konstantin suchte eine Religion, welche die Kraft hat, sein großes Reich zu einen. So erließ er 313 in Mailand das Toleranzedikt und nahm 325 maßgeblich am Konzil von Nizäa teil. Gegen Ende des 4. Jahrhunderts wurde das Christentum Staatsreligion.

Die Kirchen, wie wir sie heute kennen, sind in der Regel aus diesen Staatskirchen erwachsen, auch wenn sie nicht mehr die Macht haben, welche sie bis zum 18. Jahrhundert ausübten. Aus einer Märtyrerkirche wurde ein Kulturchristentum, welches Verfolgung nicht mehr kannte, dem die Frontlinien des großen Krieges unbekannt sind – obwohl er weiterhin tobt. Diese Allianz mit den politischen Mächten der Welt machte die Kirche zu einem Verbündeten der Mächte, die aufgrund ihres realen Unglaubens (trotz äußeren christlichen Bekenntnisses) tatsächlich in den Schlachtreihen des Teufels stehen. Es ist wie bei den Janitscharen, Söhne aus christlichen Familien, welche von den Osmanen geraubt, zwangsislamisiert und radikalisiert wurden. Sie stellten die Sturmtruppen der türkischen Armee auf deren Eroberungszügen. In gleicher Weise hat die Welt (und damit Satan) die Kirche zum antichristlichen Kriegsdienst eingezogen.

Das änderte viel, denn nun nahmen Christen als Soldaten plötzlich an irdischen Kriegen teil (was sie früher nicht taten), die Priester begannen, die Waffen zu segnen und Eroberungskriege als „gerechte Kriege" zu verteidigen. Die Mission wurde zunehmend mit dem Schwert vorangetrieben. So wurden die Sachsen im 8. Jahrhundert erst abgeschlachtet, ehe sich der Überrest schließlich zwangstaufen ließ. Den Sieger, das war Karl der Große, krönte dann der römische Papst im Jahr 800 zum Kaiser. Wir kennen das aus den Geschichtsbüchern – wo aber bleibt der Aufschrei gegen diese Verfälschung der Kirche?

Christen, denen die Verweltlichung der Kirche und ihr zunehmender Reichtum ein Dorn im Auge waren, bemühten sich um Reformen. In etwa zur selben Zeit im 12. Jahrhundert entstanden zwei nachhaltige Bewegungen: Die Waldenser und die Franziskaner. Die Waldenser übersetzten die Bibel in die Volkssprache und predigten das Evangelium ohne Erlaubnis der Bischöfe in Stadt und Land. Man geht davon aus, dass alleine in Österreich 80.000 Anhänger sich zu dieser Bewegung zählten. Die Reaktion der Kirche war äußerst brutal: Sie wurden verfolgt, zu tausenden verbrannt und fast völlig ausgerottet. In Böhmen und der Schweiz ging ein Überrest schließlich in der Reformation auf, in den schwer zugänglichen Tälern des Piemont haben einige Gemeinden bis heute überlebt. Die einst verfolgte Kirche wurde zu einer verfolgenden Kirche – schlimmer kann das Wesen der Gemeinde nicht verdreht werden!

Die Franziskaner begannen mit einem jungen Mann, der den Ruf Christi vernahm. Er war in einer kleinen verfallenen Kirche in San Damiano und hörte vom Kreuz her die Worte: *„Franziskus, geh und baue mein Haus wieder auf, das, wie du siehst, ganz und gar in Verfall gerät."* Franziskus sah den verfallenen Zustand der Kirchenruine, sammelte Steine und Baumaterial und baute sie wieder auf. Aber war es das, was Christus wirklich meinte? Ging es Ihm nur um diese kleine Kapelle und nicht eher um den Gesamtzustand der Christenheit? Franziskus gründete schließlich eine Ordensgemeinschaft, die sich der Armut und der Predigt des Evangeliums verpflichtete. Sie fanden aber, nach anfänglicher Skepsis und strenger Prüfung, die Anerkennung des Papstes, so dass diese hoffnungsvolle Reformbewegung von der römischen Kirche aufgesogen und gewissermaßen an die kurze Leine genommen wurde. Sie durften gerne arm bleiben und predigen, aber nicht mehr gegen die Missstände in der Kirche. So blieb diese in dem Zustand, den der Herr als *„ganz und gar verfallen"* bezeichnete.

Auch gegenüber allen anderen Reformbewegungen verhielt sich die Staatskirche so: entweder es gelang, die Reformer zu integrieren und geistlich zu kastrieren, oder man verfolgte sie (möglichst) bis zur Vernichtung. Die evangelische Kirche machte es anfangs genau so, als sie die Täuferbewegung Hand in Hand mit der katholischen Kirche verfolgte und fast völlig aus Europa vertrieb. Danach bekriegten sich die beiden Kirchen im 30jährigen Krieg, welcher die Aufklärung und den Abfall Europas vom Glauben zur Folge hatte. Doch die Kirchen heute haben noch immer dieselben staatskirchlichen Strukturen, denken in ihren Grundzügen immer noch machtbewusst (sie nennen das „gesellschaftsrelevant" oder „staatstragend") und erweisen sich nach wie vor als resistent gegenüber allen Anregungen, umzukehren und wieder „Kirche wie damals" zu werden. So tragisch es ist, sie sind nicht reformierbar, denn würden sie „zu den ersten Werken" umkehren, würden diese Institutionen wie ein Kartenhaus zusammenfallen. Stattdessen versuchen sie in „ökumenischen Dialogen" die verschiedenen Freikirchen zu umgarnen und wieder an sich zu binden, um sie – wie alle anderen Reformbewegungen – zahnlos zu machen, damit sie die falsche Kirche nicht länger „beißen". Viele dieser Gemeinschaften durchschauen das nicht, erfreuen sich aber zunehmender „staatlicher Anerkennung", um so der gesellschaftlichen „Diskriminierung" zu entrinnen.

Mir tut es bitter leid um die im Verhältnis wenigen aufrichtigen Christen in diesen falschen und verführten Kirchen. Sie leiden selbst auch darunter, dass sie ungläubige Pfarrer ertragen müssen, bibelkritische und zeitgeistliche Predigten über sich ergehen lassen und die allgemeine gesellschaftliche Kritik an der Kirche hinnehmen müssen. Sie haben wohl den richtigen Herrn und einen ernsthaften Glauben, aber sie sind in der falschen Kirche, nicht in der Kirche, die der Herr gegründet hat, sondern in einer abgefallenen und völlig verfälschten Kirche. Sie haben oft Angst davor, diese zu verlassen und außerhalb dieser Institutionen christliche Gemeinschaften nach dem ursprünglichen Muster zu beginnen. Einerseits glauben sie wirklich, dass sie in der Kirche sind, die Christus gegründet hat, weil sie das von klein auf eingetrichtert bekommen haben. Andererseits fürchten sie sich vor den Konsequenzen eines „Dissidententums": Schlechte Nachrede seitens der Kirche, familiäre Ächtung (gibt es immer noch), gesellschaftliche Ausgrenzung (besonders am Land) und der Ruf, ein „Sektierer" zu sein. Doch Paulus ruft diesen zu:

„Aber der feste Grund Gottes bleibt bestehen und trägt dieses Siegel: Der Herr kennt die Seinen! und: Jeder, der den Namen des Christus nennt, wende sich ab von der Ungerechtigkeit! In einem großen Haus gibt es aber nicht nur goldene und silberne Gefäße, sondern auch hölzerne und irdene, und zwar die einen zur Ehre, die anderen aber zur Unehre. Wenn nun jemand sich von solchen reinigt [d.h. trennt, absondert], wird er ein Gefäß zur Ehre sein, geheiligt und dem Hausherrn nützlich, zu jedem guten Werk zubereitet. So fliehe nun die jugendlichen Lüste, jage aber der Gerechtigkeit, dem Glauben, der Liebe, dem Frieden nach zusammen mit denen, die den Herrn aus reinem Herzen anrufen!" (2. Timotheus 2,19-22).

Nur außerhalb des Systems kann Gemeinde gebaut werden. Wir müssen die Schlachtreihen Satans verlassen (in die die Kirche seit Konstantin integriert wurde) und uns in die Herde Gottes einreihen. Dann werden wir den Kampf, um den es geht, wieder klar sehen und auch erfahren, wie es ist, als Schafe unter die Wölfe geschickt zu werden. Das ist die Kirche von damals, das ist die Gemeinde Christi.

Das Evangelium des Friedens

In seinem Abschnitt über die Geistliche Waffenrüstung bezeichnete Paulus die Botschaft Christi als *„Evangelium des Friedens"*. Andernorts lesen wir vom *„Evangelium der Gnade"* oder (meistens) vom *„Evangelium vom Reich Gottes"*. Das gehört natürlich alles zusammen, wobei das Reich Gottes der zentrale Inhalt der Verkündigung ist. Unter dieser Überschrift hören wir

- Vom König Jesus Christus
- Von der Wiederherstellung aller Dinge
- Von der Gnade, die Gott uns schenkt, indem Er uns annimmt und unsere Sünden vergibt
- Und vom Frieden, der unter der Herrschaft des „Friedefürsten" Jesus Christus herrschen wird.

Der Friede gehört also zu den unmittelbaren praktischen Auswirkungen des Reiches Gottes, von dem schon die Propheten geredet haben, etwa Micha:

„Und in den letzten Tagen wird der Berg des Herrn vor aller Augen sein, bereitet über den Gipfeln der Berge, und er wird erhöht werden über die Hügel. Zu ihm werden Völker eilen und herbeiziehen viele Nationen und sie werden sprechen: »Auf, lasst uns hinaufsteigen zum Berg des Herrn und zum Haus des Gottes Jakobs. Man wird uns seinen Weg weisen, und wir werden auf seinen Pfaden wandeln.« Denn aus Sion wird ausgehen Gesetz und Wort des Herrn aus Jerusalem. Er wird richten zwischen vielen Völkern und zurechtweisen starke Nationen bis weithin, und sie werden zerschlagen ihre Schwerter zu Pflugscharen und ihre Speere zu Sicheln. Keine Nation wird das Schwert mehr erheben gegen eine andere, und sie werden nicht mehr lernen, Krieg zu führen. Ein jeder wird ruhen unter seinem Weinstock und ein jeder unter seinem Feigenbaum, und es

wird keiner mehr sein, der in Furcht versetzt, denn der Mund des Herrn, des Allherrschers, hat dies gesprochen." (Micha 4,1-4).

Darum ist das Evangelium eine Botschaft des Friedens, denn diese Aussicht gehört untrennbar zu dem, was Christus für uns bereitet hat. Dieser Friede ist umfassend, denn er bedeutet nicht nur das Ende aller Kriege, sondern Leben in voller Genüge und Gerechtigkeit für jeden Menschen. Das Bild vom Weinberg und vom Feigenbaum ist hier besonders ansprechend, doch die gesamte Schöpfung wird darin zur Ruhe kommen:

„Und hervorkommen wird ein Schößling aus der Wurzel Jessais [der Vater Davids, dessen Thronerbe Jesus ist], und eine Blume wird aus der Wurzel emporsteigen. Und auf ihn wird sich niederlassen der Geist Gottes, der Geist der Weisheit und der Einsicht, der Geist des Ratschlusses und der Macht, der Geist der Erkenntnis und der Frömmigkeit; erfüllen wird ihn der Geist der Furcht Gottes. Er wird nicht nach dem äußeren Glanz richten und nicht nach dem Gerede anderer zurechtweisen, sondern er wird für den Niedrigen Recht schaffen und zurechtweisen die Niedrigen des Landes; und er wird schlagen das Land mit dem Wort seines Mundes und mit einem Hauch aus den Lippen den Gottlosen töten [d.h. den Antichristen, vgl. 2. Thessalonicher 2,8]; und er wird mit Gerechtigkeit gegürtet sein um die Hüfte und mit Wahrheit umhüllt an den Seiten.

Und der Wolf wird gemeinsam weiden mit dem Lamm, und der Panther wird sich mit dem Böckchen niederlegen, und Kälbchen und Stier und Löwe werden zusammen weiden, und ein kleines Kind wird sie führen; und Rind und Bär werden zusammen weiden, und ihre Jungen werden zusammen sein, und Löwe und Rind werden zugleich Stroh fressen. Und ein unmündiges Kind wird auf das Loch von Nattern und auf das Nest von Natternjungen die Hand legen.

Und sie werden gewiss nichts Böses tun noch imstande sein, jemanden zu verderben, auf meinem heiligen Berg, weil die gesamte Erde erfüllt wurde vom Erkennen des Herrn wie viel Wasser, das die Meere zu bedecken vermag." (Jesaja 11,1-9).

Die Propheten sprechen immer wieder davon, und als der Herr Jesus das Reich Gottes predigte, verknüpften Seine Zuhörer dies automatisch mit solchen Stellen. Das ist heute nicht mehr so. Das Evangelium wurde reduziert auf die Sündenvergebung. Man droht bisweilen recht bizarr mit der Hölle, in die ja niemand wirklich will, erklärt aber nicht, was es bedeutet *„in den Himmel"* zu kommen. Darunter können sich die wenigsten etwas vorstellen, es wirkt unterbewusst vielleicht sogar etwas fad, wenn man dann wirklich auf einer Wolke sitzen und in alle Ewigkeit Hallelujah singen soll. Besser als die Hölle mag das schon sein, aber wer will wirklich in so einen Himmel?

Die Verheißungen Gottes sind viel plastischer, ansprechender und erstrebenswerter: eine völlige Neuschöpfung von Himmel und Erde, wo es keinen Tod, kein Leid, kein Geschrei, keine Ungerechtigkeit, keinen Mangel und keine Kriege mehr geben wird. Dort wohnt Gott mitten unter den Menschen. Kein Mensch kann in Worte fassen, wie es wirklich sein wird. Da wird eine Stadt beschrieben, die völlig aus Edelsteinen erbaut ist und deren Straßen aus purem Gold sind. Das ist ein schwaches Gestammel angesichts dessen, was den Propheten tatsächlich in Visionen offenbart wurde – es wird gewaltig schön werden! Wir können uns aber *etwas* vorstellen: All das Gute dieser Schöpfung ohne all das Traurige, Kranke, Sündhafte und Gewalttätige. Das muss wieder seinen Platz in der Verkündigung bekommen, denn heute ist es in aller Regel nicht vorhanden. Und die Drohung mit der Höllenpein alleine (die ja nicht zu leugnen ist), zieht nicht mehr.

Besinnen wir uns also auf das Evangelium des Friedens! Das hat Konsequenzen für die Lebensweise der Christen, denn wer das Friedensreich Gottes erwartet, wird in diesem Leben zu einem Friedensstifter werden.

„Glückselig sind die Friedfertigen [bzw. Friedensstifter], denn sie werden Söhne Gottes heißen!" (Matthäus 5,9).

Paulus schreibt, was das praktisch bedeutet:

„Vergeltet niemand Böses mit Bösem! Seid auf das bedacht, was in den Augen aller Menschen gut ist. Ist es möglich, soviel an euch liegt, so haltet mit allen Menschen Frieden. Rächt euch nicht selbst, Geliebte, sondern gebt Raum dem Zorn Gottes; denn es steht geschrieben: »Mein ist die Rache; ich will vergelten, spricht der Herr«. »Wenn nun dein Feind Hunger hat, so gib ihm zu essen; wenn er Durst hat, dann gib ihm zu trinken! Wenn du das tust, wirst du feurige Kohlen auf sein Haupt sammeln.« Lass dich nicht vom Bösen überwinden, sondern überwinde das Böse durch das Gute!" (Römer 12,17-21).

Es bedeutet, Gewalt nicht mit Gewalt zu beantworten, sondern den Weg des Friedens zu wählen, zu zeigen und zu gehen. In der Bergpredigt finden wir die berühmten Worte:

„Ihr habt gehört, dass gesagt ist: »Auge um Auge und Zahn um Zahn!« Ich aber sage euch: Ihr sollt dem Bösen nicht widerstehen; sondern wenn dich jemand auf deine rechte Backe schlägt, so biete ihm auch die andere dar; und dem, der mit dir vor Gericht gehen und dein Hemd nehmen will, dem lass auch den Mantel; und wenn dich jemand nötigt, eine Meile weit zu gehen, so geh mit ihm zwei. Gib dem, der dich bittet, und wende dich nicht ab von dem, der von dir borgen will!

Ihr habt gehört, dass gesagt ist: Du sollst deinen Nächsten lieben und deinen Feind hassen. Ich aber sage euch: Liebt eure Feinde, segnet, die euch fluchen, tut wohl denen, die euch hassen, und bittet für die, welche euch beleidigen und verfolgen, damit ihr Söhne eures Vaters im Himmel seid. Denn er lässt seine Sonne aufgehen über Böse und Gute und lässt es regnen über Gerechte und Ungerechte. Denn wenn ihr die liebt, die euch lieben, was habt ihr für einen Lohn? Tun nicht auch die Zöllner dasselbe? Und wenn ihr nur eure Brüder grüßt, was tut ihr Besonderes? Machen es nicht auch die Zöllner ebenso? Darum sollt ihr vollkommen sein, gleichwie euer Vater im Himmel vollkommen ist!" (Matthäus 5,38-48).

Das bedeutet ein Ablegen aller gewalttätigen Verhaltens- und Reaktionsmuster, die wir von Kindheit an gelernt haben. Der Weg des Herrn scheint uns gerade in diesem Bereich unrealistisch oder ungangbar. Wie viele *„Was wäre wenn"* Fragen es da nicht gibt! Ich habe aufgehört, mich mit diesen zu befassen, denn sie zielen alle nur darauf ab, die Worte des Herrn zu relativieren und ungültig zu machen. Es ist ein Weg des Glaubens, nicht der menschlichen Logik. Als der Herr den Jüngern sagte, Er müsse nach Jerusalem gehen, um dort getötet zu werden, wollte Petrus es Ihm ausreden. Die Entgegnung Christi war schockierend direkt:

„Weiche von mir, Satan! Du bist mir ein Ärgernis; denn du denkst nicht göttlich, sondern menschlich!" (Matthäus 16,23).

Dann schärfte Er Seinen Jüngern erneut nachdrücklich ein, dass die Nachfolge uns das Leben kosten kann und wir dazu bereit sein müssen:

„Da sprach Jesus zu seinen Jüngern: Wenn jemand mir nachkommen will, so verleugne er sich selbst und nehme sein Kreuz auf sich und folge mir nach! Denn wer sein Leben retten will, der wird es verlieren; wer aber sein Leben verliert um meinetwillen, der wird es finden. Denn was hilft es dem Menschen, wenn er die

ganze Welt gewinnt, aber sein Leben verliert? Oder was kann der Mensch als Lösegeld für sein Leben geben? Denn der Sohn des Menschen wird in der Herrlichkeit seines Vaters mit seinen Engeln kommen, und dann wird er jedem einzelnen vergelten nach seinem Tun." (Matthäus 16,24-27).

Darum sollen wir uns auch durch Verfolgung nicht einschüchtern lassen. Unsere Antwort darauf ist aber nicht bloß ein „Wegducken" oder notfalls „Ertragen" der Widerwärtigkeiten, sondern ein friedensstiftendes Verhalten, das Überwinden des Bösen mit Gutem, aktive Feindesliebe. So absurd es klingen mag, das ist das Gebot und Vorbild unseres Herrn Jesus Christus.

Ein Bereich, der im Neuen Testament nicht direkt besprochen wird, aber in den ersten Jahrhunderten allgemeine Überzeugung der Christen war, ist die Haltung zum Militärdienst. Denken wir es durch:

- Ist das Abschlachten von Feinden auf dem Schlachtfeld vereinbar mit der Feindesliebe?
- Ist das Schwören von Fahneneiden vereinbar mit dem Verbot jeglicher Eide im Neuen Testament (Matthäus 5,33-37; Jakobus 5,12)?
- Ist Hass auf irgendeinen Menschen vereinbar mit Liebe?
- Ist Loyalität und Patriotismus für ein irdisches Reich vereinbar mit unserer Heimat im Reich Gottes?
- Ist das Führen von Waffen vereinbar mit dem Umschmieden von Schwertern in Pflugscharen?
- Passt Kriegsgeschrei zum Evangelium des Friedens?

Nie und nimmer! Und tatsächlich haben Christen bis zur Konstantinischen Wende den Kriegsdienst kategorisch verweigert. Ich werde als letzten Zeugen Martin von Tours zitieren, der noch Ende des vierten Jahrhunderts daran festhielt. Zuvor aber einige Beispiele dazu aus der Frühzeit der Kirche. Justin der Märtyrer schrieb, im Einklang mit den obigen Ausführungen:

„Obwohl wir uns so gut auf Krieg, Mord und alles Böse verstanden hatten, haben wir alle auf der weiten Erde unsere Kriegswaffen umgetauscht, die Schwerter in Pflugscharen, die Lanzen in (andere) Ackergeräte, und züchten Gottesfurcht, Gerechtigkeit, Menschenfreundlichkeit, Glaube und Hoffnung, welche vom Vater selbst durch den Gekreuzigten gegeben ist." (Dialog mit Trypho 110,3 um 150).

Tertullian, den wir ebenso bereits kennengelernt haben, stellt fest:

„Allein es fragt sich gegenwärtig eben, ob Christen sich dem Soldatenstande zuwenden dürfen, ob Militärpersonen zum Christentum zugelassen werden können, und ob sich mit dem Glauben der Dienst der Gemeinen und der sämtlichen niederen Chargen vereinbaren lasse, welche nicht zu opfern brauchen und mit Urteilen über Leben und Tod nichts zu tun haben. Es harmoniert nicht zusammen, unter dem Fahneneid Gottes und der Menschen, unter dem Feldzeichen Christi und des Teufels, im Lager des Lichts und in dem der Finsternis zu stehen, eine und dieselbe Seele kann nicht zweien verpflichtet sein, Christo und dem Teufel." (Über den Götzendienst, Kp. 19, um 200)

Da das römische Reich keine allgemeine Wehrpflicht praktizierte, konnte man sich nur freiwillig melden. Christen wurde das von den damaligen Gemeindeleitern klar untersagt:

„Der Christ soll nicht freiwillig, sondern von dem Anführer gezwungen Soldat werden. Er darf das Schwert führen, muss sich aber hüten, sich des Verbrechens des Blutvergießens schuldig zu machen. Wenn in Erfahrung gebracht wird, es sei von ihm Blut vergossen worden, so soll er sich der Teilnahme an den Geheimnissen [Eucharistie] enthalten, wenn er sich nicht durch eine musterhafte Umwandlung

seiner Sitten unter Tränen und Wehklagen gebessert hat. Jedoch darf seine Besserung nicht verstellt sein, sondern muss mit der Furcht Gottes geschehen." (Canones Hippolyti 14, um 200).

Wenn ein Soldat Christ wurde, sollte er nach Möglichkeit aus der Armee austreten, geht das nicht, sollte er jedenfalls kein Blut vergießen (was für ihn selbst zum Todesurteil werden konnte):

„Ein Soldat, der unter Befehl steht, soll keinen Menschen töten. Erhält er dazu den Befehl, soll er diesen nicht ausführen, auch darf er keinen Eid leisten. Ist er dazu nicht bereit, soll er abgewiesen werden. […] Der Katechumene [der sich um die Taufe bewirbt] wie auch der Gläubige, der Soldat werden will, muss abgewiesen werden, weil er Gott verachtet hat." (Apostolische Traditionen, Hippolytus, um 200).

Das ist klar, und noch über die Konstantinische Wende hinaus hielten viele Christen daran fest, doch offiziell fand eine große Veränderung statt. Als es Uneinigkeiten in Nordafrika zwischen der „Mainstream-Kirche" und den etwas „radikaleren" Donatisten gab, baten die *donatistischen* Bischöfe ausgerechnet den Kaiser Konstantin um einen Schiedsspruch (bekamen jedoch nicht Recht). Im Zuge dieses Konzils, das ein Jahr nach dem Toleranzedikt (313) 314 in Arles stattfand, wurde plötzlich festgehalten, dass christliche Soldaten selbst aus Gewissensgründen nicht desertieren durften. Offenbar war das dem Kaiser sehr wichtig.

Mit dem Konzil von Nizäa und der immer engeren Verbindung von Kirche und Staat, wurde die frühkirchliche Haltung der Kirche zum Militär aus „Staatsräson" aufgegeben. Augustinus, der Bischof von Hippo, formulierte um 420 die „Lehre vom Gerechten Krieg" und das Verbot, aus Gewissensgründen die Armee zu verlassen, wurde bekräftigt. Solche Deserteure und

Kriegsverweigerer wurden von Staat und Kirche gleichermaßen verfolgt. Ausgenommen vom Kriegsdienst blieb lediglich der Klerus. So ist das in der Regel bis heute: die Priester sind vom Kriegsdienst befreit, alle anderen christlichen Männer haben mit der Waffe „ihrem Vaterland" zu dienen. Doch was ist unser Vaterland? Österreich oder das Reich unseres himmlischen Vaters?

In Österreich lauten die Bestimmungen für den Klerus folgendermaßen:

„Priester, Absolventen theologischer Studien im Seelsorgedienst oder einem geistlichen Lehramt, Ordensleute und Theologiestudenten, die sich auf ein geistliches Amt vorbereiten, sind von der Wehrpflicht befreit. Sie müssen einer gesetzlich anerkannten Kirche oder Religionsgemeinschaft angehören."[16]

Was ist aber mit jenen Pastoren und Predigern, die keiner staatlich anerkannten Kirche angehören? Oh, da haben wir wieder einen triftigen Grund dem gottlosen Staat die Hand zu reichen, damit diese „Pilatuskinder" uns gnädiglich anerkennen, sie, die ja gar nicht wissen, was Wahrheit ist! Nun muss in Österreich ohnedies niemand zum Militär, da der Wehrersatzdienst (Zivildienst) seit 1991 sogar ohne Gewissensprüfung vor einer Kommission problemlos möglich ist. Ich hatte noch dieses „Kreuzverhör", doch der Herr stand mir bei; aber gänzlich unverständlich ist mir, wieviele auch freikirchliche junge Christen freiwillig zum Militär gehen.

Wie aber lässt sich solch ein „Zwei-Klassen-Christentum" biblisch rechtfertigen? Gar nicht. Es ist ein Verrat an der Einheit der Christen, die alle gleichermaßen zum königlichen Priestertum berufen sind. Da sich aber bereits ab dem dritten Jahrhundert die Trennung von Klerus und Laien

---

[16] https://www.wienxtra.at/jugendinfo/infos-von-a-z/wehrpflicht/

einschlich, war es ab Konstantin bereits etabliert und kaum jemand dachte sich etwas dabei. Die Veränderungen von der apostolischen Kirche zur Konstantinischen Staatskirche geschahen nicht auf einen Schlag, sondern Satan hat eine subtile Salamitaktik angewandt, die wenige erkannten. So wurde durch langsame Gewöhnung die Kirche verweltlicht und das Evangelium grundlegend verfälscht. Die Folgen stehen allen vor Augen:

Wieviele ungerechte Kriege wurden so im Namen Gottes geführt? Wie wäre das Verhältnis zwischen Islam und Christentum, hätte es statt der Kreuzzüge eine glaubwürdige Verkündigung des „Evangeliums des Friedens" gegeben? Vielleicht wären die meisten Moslems so sogar zu Christen geworden! Welche Streitmacht hätte Hitler aufstellen können, wären die Kirchen Deutschlands der ursprünglichen apostolischen Lehre treu geblieben? Das sind keine verträumten Fragen, denn wir wissen, dass die abgefallenen Kirchen all das Böse aktiv mitgetragen und teils auch mitverursacht haben und deshalb zurecht in der Kritik stehen.

9. Zeuge
Martin von Tours (316-397)
Als Christ kann ich nicht kämpfen

Wenn ich einen „Lieblingsheiligen" habe, dann ist es Martin von Tours. Über diesen Helden habe ich in den letzten fünf Jahren bereits zweimal gepredigt. Seine Vita wurde zeitnah verfasst und wirkt sehr authentisch für jeden, der selbst auf dem Weg Jesu unterwegs ist. Wer weltlich denkt, wird ihn aber nicht verstehen und seine Entscheidungen für unglaublich halten.

Als Sohn eines Soldaten war er damals gesetzlich verpflichtet in die Fußstapfen seines Vaters zu treten, obwohl er von Jugend an ein ausgeprägtes Interesse am christlichen Glauben hatte. Dieser erzwungene Militärdienst verlief in den ersten Jahren ohne kriegerische Zwischenfälle und er bemühte sich, selbst in diesem Umfeld ein heiliges Leben zu führen:

*„Nach einer kaiserlichen Verordnung mussten die Söhne der Veteranen zum Kriegsdienst herangezogen werden. Deshalb meldete ihn, da er fünfzehn Jahre alt war, sein Vater an; denn es missfiel diesem ein so glücklicher Wandel. Martinus wurde festgenommen, gefesselt und zum Fahneneid gezwungen. Er gab sich zufrieden mit einem Diener als Begleitung. Indes gar oft vertauschte er die Rollen, und **der Herr bediente seinen Diener;** er zog ihm nämlich meist selbst die Schuhe aus und reinigte sie; sie aßen miteinander, wobei Martinus jedoch des öfteren aufwartete.*

Etwa drei Jahre lang diente er vor seiner Taufe beim Militär. Er hielt sich frei von den Lastern, in die sich die Soldatenwelt gewöhnlich verstricken lässt. Seine Güte *gegen die Kameraden war groß, seine Liebe erstaunenswert, seine Geduld und Demut überstiegen alles Maß. Die Genügsamkeit braucht an ihm nicht gerühmt zu werden; sie war ihm in dem Maße eigen, dass man ihn schon damals eher für einen Mönch denn für einen Soldaten hätte halten können. Um dieser Eigenschaften willen hatte er sich die Herzen aller seiner Kameraden gewonnen, so dass sie ihn mit seltener Hochachtung verehrten. Obwohl er in Christus noch nicht wiedergeboren war, ließ sein edles Wirken doch darauf schließen, dass er vor der Taufe stehe. **Er half bei schwerer Arbeit mit, unterstützte Arme, speiste Hungernde, kleidete Nackte, von seinem Kriegersold behielt er nur das für sich, was er für den täglichen Unterhalt brauchte.** Er machte sich keine Sorge um den kommenden Tag, er war ja schon damals nicht taub gegen die Stimme des Evangeliums.*" (Vita Martini Kp. 2).

Besonders bekannt und beliebt ist die Episode, als er einem Bettler einen Teil seines Soldatenmantels gab, damit dieser sich wärmen konnte:

„Einmal, er besaß schon nichts mehr als seine Waffen und ein einziges Soldatengewand, da begegnete ihm im Winter, der ungewöhnlich rau war, so dass viele der eisigen Kälte erlagen, am Stadttor von Amiens ein notdürftig bekleideter Armer. Der flehte die Vorübergehenden um Erbarmen an. Aber alle gingen an dem Unglücklichen vorbei. Da erkannte der Mann voll des Geistes Gottes, dass jener für ihn vorbehalten sei, weil die andern kein Erbarmen übten. Doch was tun? Er trug nichts als den Soldatenmantel, den er umgeworfen, alles Übrige hatte er ja für ähnliche Zwecke verwendet. Er zog also das Schwert, mit dem er umgürtet war, schnitt den Mantel mitten durch und gab die eine Hälfte dem Armen, die andere legte er sich selbst wieder um. Da fingen manche der Umstehenden an zu lachen, weil er im halben Mantel ihnen verunstaltet vorkam. Viele aber, die mehr Einsicht besaßen, seufzten tief, dass sie es ihm nicht gleich getan und den Armen nicht bekleidet hatten, zumal sie bei ihrem Reichtum keine Blöße befürchten

mussten. In der folgenden Nacht nun erschien Christus mit jenem Mantelstück, womit der Heilige den Armen bekleidet hatte, dem Martinus im Schlafe. Er wurde aufgefordert, den Herrn genau zu betrachten und das Gewand, das er verschenkt hatte, wieder zu erkennen. Dann hörte er Jesus laut zu der Engelschar, die ihn umgab, sagen: „Martinus, obwohl erst Katechumen [d.h. jemand, der in der Taufvorbereitung ist], hat mich mit diesem Mantel bekleidet". Eingedenk der Worte, die er einst gesprochen: „Was immer ihr einem meiner Geringsten getan, habt ihr mir getan", erklärte der Herr, dass er im Armen das Gewand bekommen habe." (Vita Martini Kp. 3).

Bald danach wurde er getauft, blieb aber um der Kameradschaft und einiger Freunde willen noch in der Armee. Doch dann kam es zum Krieg mit einem germanischen Stamm. Am Vorabend der Schlacht musste Martin eine folgenschwere Entscheidung treffen:

„Kaiser Julian zog bei der Stadt der Vangionen ein Heer zusammen und begann damit, Geldgeschenke unter die Soldaten zu verteilen. Dabei wurde nach der Gewohnheit jeder Soldat einzeln vorgerufen. So kam die Reihe auch an Martinus. Jetzt hielt dieser den Zeitpunkt für günstig, seine Entlassung zu erbitten. Er war nämlich der Ansicht, er habe keine freie Hand mehr, falls er das Geschenk in Empfang nehme, ohne weiter dienen zu wollen. Deshalb sprach er zum Kaiser: **„Bis heute habe ich dir gedient; gestatte nun, dass ich jetzt Gott diene. Dein Geschenk mag in Empfang nehmen, wer in die Schlacht ziehen will. Ich bin ein Soldat Christi, es ist mir nicht erlaubt, zu kämpfen".** *Wutschnaubend ob dieser Rede, gab der Tyrann zur Antwort, er wolle sich nur aus Angst vor der Schlacht, die für den andern Tag zu erwarten war, nicht um seines Glaubens willen dem Kriegsdienst entziehen. Doch Martinus blieb unerschrocken, ja der Versuch, ihn einzuschüchtern, machte ihn nur noch fester. So sprach er: „Will man meinen Entschluss der Feigheit und nicht der Glaubenstreue zuschreiben, dann bin ich*

bereit, mich morgen ohne Waffen vor die Schlachtreihe zu stellen und im Namen des Herrn Jesus mit dem Zeichen des Kreuzes, ohne Schild und Helm, furchtlos die feindlichen Reihen zu durchbrechen". Man ließ ihn also in Gewahrsam halten, damit er sein Wort wahr mache und sich waffenlos den Barbaren entgegenstelle. Am nächsten Tage schickten die Feinde Gesandte zu Friedensverhandlungen und ergaben sich mit Hab und Gut. Zweifellos war dieser Sieg dem heiligen Mann zu verdanken. Die Gnade verhütete, dass er sich wehrlos zum Kampfe stellen musste. Gott hätte in seiner Güte seinen Streiter freilich auch inmitten der feindlichen Schwerter und Geschosse unversehrt erhalten können. Aber um das Auge des Heiligen auch nicht durch den Tod anderer zu verletzen, ließ Gott es nicht zum Kampfe kommen. Wenn die Feinde sich ohne Blutvergießen unterwarfen und so kein Menschenleben verloren ging, so hatte Christus es nicht notwendig, für seinen Streiter einen anderen Sieg zu wirken." (Vita Martini Kp. 4).

Bewundernswert! Zumal Julian ein Kaiser war, der dem Christentum (obwohl es bereits anerkannt war) nicht wohlwollend gegenüber stand. Gott bewahrte Martin, er hätte seine Entscheidung aber auch mit dem Leben bezahlen können. So oder so wäre es gut, denn Martin ehrte Gott durch seinen Glauben. So aber konnte der Herr ihn noch auf vielfältige Weise verwenden.

Martin hatte viel erlebt und bewirkt, was man alles in der von Sulpicius Severus (363-429) verfassten Biographie nachlesen kann. Er hatte auch noch ein Gespür für die ursprüngliche Kirche, vor allem für das einfache christliche Leben. Aufgrund seines überzeugenden und authentischen Wandels wurde Martin als Bischof von Tours berufen, denn er war anders als die Bischöfe, welche die Staatskirche so bald nach Nicäa hervorbrachte:

*„Ungefähr zur selben Zeit wurde er auf den bischöflichen Stuhl von Tours verlangt. Allein es war kein Leichtes, ihn seinem Kloster zu entreißen. Rusticius, einer der Bürger, warf sich ihm daher bittend zu Füßen; er gab vor, seine Frau sei krank. So vermochte er ihn zum Fortgehen zu bewegen. Scharen von Bürgern hatten sich unterwegs aufgestellt; wie unter Ehrengeleite wurde Martinus so nach der Stadt geführt. Eine unglaublich große Menge hatte sich aus dieser Stadt wie auch aus den benachbarten Ortschaften zur Bischofswahl eingefunden. Ein Verlangen, ein Wunsch, eine Überzeugung beseelte sie alle, Martinus verdiene am meisten die bischöfliche Würde; glücklich sei die Kirche, die einen solchen Oberhirten erhalte. Doch einige Laien und besonders mehrere Bischöfe, die zur Einsetzung des Oberhirten herbeigerufen waren, widersetzten sich gewissenlos. Sie sagten, **Martinus sei eine verächtliche Persönlichkeit, der bischöflichen Würde sei nicht wert ein Mann von so unansehnlichem Äußern, mit so armseligen Kleidern und ungepflegtem Haar.** Indes das Volk bekundete gesünderen Sinn und lachte über ihre Torheit; denn während jene einen Tadel gegen den ruhmwürdigen Mann aussprechen wollten, verkündeten sie ja doch nur sein Lob. Sie konnten nichts anderes bewirken, als was das Volk nach dem Willen Gottes im Sinne hatte."* (Vita Martini Kp. 9).

Doch Martin wollte das einfache Leben nach dem Evangelium nicht lassen. So gründete er in unmittelbarer Nähe zu seinem Bistum eine Mönchsgemeinschaft, die bemerkenswert viel von dem, was „Kirche damals" kennzeichnet wieder aufleben ließ:

„Es übersteigt mein Können, sein Leben und seine Bedeutung als Bischof zu schildern. Nicht die geringste Änderung gegen früher ließ sich an ihm wahrnehmen. Dieselbe Demut wohnte in seinem Herzen, dieselbe Ärmlichkeit zeigte er in seiner Kleidung. Im Vollbesitz seiner Macht und Weihegnade, ward er der Stellung eines Bischofs durchaus gerecht, verlor aber dabei das Tugendstreben eines Mön-

*ches nicht aus dem Auge. Eine Zeitlang bewohnte er eine Zelle, die an die Kirche stieß. Indes, er konnte die Belästigung durch die häufigen Besuche nicht ertragen; deshalb erbaute er sich etwa zwei Meilen außerhalb der Stadt ein Klösterlein. Dieser Ort war so verborgen und abgelegen, dass es den Heiligen nicht nach der Einsamkeit der Wüste verlangte. Auf der einen Seite war der Ort abgeschlossen von einer hohen, jähen Felswand; die freibleibende Ebene umgrenzte die Loire mit einer kleinen Krümmung; nur auf einem, dazu noch recht engem Wege konnte man dorthin gelangen. Martinus hatte eine rohgezimmerte Zelle, ebenso auch viele seiner Brüder. Manche hatten den Fels des überhängenden Berges ausgehöhlt und sich so eine Wohnstätte geschaffen. Es waren ihrer gegen achtzig Jünger. Diese suchten sich nach dem Vorbild des heiligen Meisters zu bilden. **Keiner besaß dort Eigentum, alles war Gemeingut.** Keiner durfte etwas kaufen oder verkaufen, wie dies bei den Mönchen vielfach üblich ist. Handarbeit wurde nicht betrieben, das Bücherschreiben ausgenommen; für dieses Geschäft wurden jedoch nur die Jüngeren verwendet, die Älteren lagen ausschließlich dem Gebete ob. Selten verließ einer seine Zelle, es sei denn, man ging gemeinschaftlich zum Gotteshaus. **Ihre Mahlzeit nahmen sie zusammen** erst nach der Stunde des Fastens. Alle enthielten sich des Weines, außer wenn Krankheit es anders verlangte. Die meisten trugen ein Gewand aus Kamelhaaren; **feinere Kleider zu tragen, galt dort als Vergehen.** Diese Strenge ist um so bewunderungswerter, als viele Vornehme unter ihnen waren; obwohl ganz anders erzogen, hatten sich diese freiwillig zu jener Übung der Demut und Geduld verpflichtet. Gar manche aus ihnen sahen wir später auf Bischofsstühlen. Welche Stadt oder welche Kirche hätte sich nicht auch einen Oberhirten aus dem Kloster des Martinus gewünscht?"* (Vita Martini Kp. 10).

Martin zeigt, dass man immer und in allen Umständen ein christusgemäßes Leben führen kann, auch wenn man verlacht und missverstanden wird.

Die Beharrlichkeit darin bringt die gute Frucht hervor, welche die Verbreitung des Evangeliums erst ermöglicht. Martin war definitiv *„schlicht, authentisch, christozentrisch"*, ein Vorbild für jeden, der den Herrn Jesus Christus von Herzen liebt. Ein Mutmacher für alle, die sich nach der „Kirche wie damals" sehnen und diese wieder aufbauen wollen.

Persönliches Nachwort

Ich habe überlegt, ob ich mein persönliches Zeugnis einfach unter der fortlaufenden Nummerierung anfügen sollte: *„10. Zeuge: Ich"*, doch das schien mir doch sehr unpassend, denn ich sehe mich keineswegs auf der Ebene von den Blutzeugen der ersten Jahrhunderte, und mein Weg ist ja auch bei weitem nicht so spektakulär. Schließlich leben wir in einem Land und einer Zeit, in der es (noch) sehr einfach ist, sein Leben auf Basis des Glaubens und des Gewissens einzurichten. Vielleicht tun dies deshalb so wenige, weil es zu leicht ist? Wie dem auch sei, denke ich, es schuldig zu sein, einen kurzen Bericht zu geben, wie ich selbst auf diese Spur gekommen bin und wie weit ich bisher auf dem Weg vorankommen durfte.

Ich wurde 1969 in Wien in eine evangelische Familie hineingeboren. Mein Vater war Presbyter, meine Mutter eine zur evangelischen Kirche konvertierte Katholikin. Der Hochzeit wegen. Gemischtkonfessionelle Ehen waren damals noch nicht üblich. Als Baby getauft wuchs ich in der evangelischen Kirche auf, ohne diese allerdings oft von innen zu sehen. Mein Vater sagte immer, er sei zum Presbyteramt gekommen wie die Jungfrau zum Kind. Wann immer ein Monat fünf Sonntage hatte, versah er den Aufsperrdienst und zählte die Kollekte. So kam ich etwa vier Mal im Jahr in den Genuss eines evangelischen Gottesdienstes mit trüber Orgelmusik zu langsam gesungenen alten Chorälen in einer weitestgehend leeren Kirche. Ich überzeichne nicht. Doch gab es immerhin einen Kindergottesdienst, in der anstelle des Abendmahles eine Tafel Schokolade geteilt wurde.

Ich besuchte den Pfarrkindergarten, was mir rückblickend gut gefiel, und später die Jungschar. Diese wurde zuerst von Schwester Margarete geleitet, die den Herrn Jesus tatsächlich liebte – aber das habe ich damals nicht verstanden. Sie kam durch die Zeltmission eines mennonitischen Predigers (Abraham Neufeld) zum Glauben. Als ihre Mutter starb, übernahm ein Mann, dessen Namen ich vergessen habe, die Jungschar, der uns Taekwondo beibringen wollte. Vom Herrn Jesus hörten wir von ihm nichts.

Schließlich kam die Zeit, da ich konfirmiert werden sollte. Ich war aber Atheist. Dennoch fügte ich mich der Tradition und fragte den Pfarrer, wie das zusammengehe, dass man als Christ den Militärdienst ausübt. Er antwortete – nicht besonders überzeugend – das sei *„eine kolossale Kollision der Pflichten"*. Im Übrigen sei es egal ob Gott am ersten Schöpfungstag sagte: *„Es werde Licht!"*, oder: *„Es knalle ur!"* Wer gibt vor, was zu glauben ist? Die Bibel oder Gesellschaft und Wissenschaft? Wenn letztere, wozu dann die Kirche und der Glaube? Ich lernte dennoch das Glaubensbekenntnis, das Vater Unser, den Psalm 23 und das Lied *„Ein feste Burg ist unser Gott"* auswendig und besuchte die in der Vorbereitungszeit vorgeschriebenen Gottesdienste. Der Herr Kurator unterschrieb dafür die Teilnahmebestätigungen blanko, sodass die wenigsten Konfirmanden alle zehn Gottesdienste absolvierten. Besonders ernst dürften es in dieser Kirche die wenigsten genommen haben, und so wurde ich zu Pfingsten 1983 als Atheist konfirmiert.

Der Seniorpfarrer, der die Konfirmation abnahm, starb bald darauf in gutem Alter. Der zweite Pfarrer warf sich ein paar Jahre später aus dem Fenster, der dritte Pfarrer erschoss sich etwas später, der Vikar „vergnügte" sich mit der Jugendleiterin in der Sakristei … kurz, da gab es nichts, was mir in irgendeiner Weise den Glauben glaubhaft vermittelt hätte können, außer jener Gemeindeschwester, die viel zu früh aus ihrem Dienst ausschied.

Mein Atheismus war dabei ein klassischer „Schmalspur-Atheismus": Was ich nicht sehe, kann es auch nicht geben. Doch mit 16 begann ich zu erkennen, dass dies zu kurz greift. Ein Schulfreund führte mich in den Okkultismus ein, der meinen Blick für eine unsichtbare Welt öffnete, die genauso real ist wie jene, in der ich meinen kleinen Zeh an den Zimmermöbeln verstauche. So begann ich, mir meine eigene kleine Philosophie des Lebens zusammenzureimen; ich wurde zu einem Suchenden. Zwei Klassenkolleginnen luden mich in eine Jugendstunde in einer Freikirche ein, und dort erlebte ich zum ersten Mal christliche Gemeinschaft, die freudig und begeisternd war, nicht verstaubt und traditionell. Die Bibel wurde mir dort als ein überaus praktisches Buch vorgestellt, das direkt mit meinem Leben zu tun hat. Es gab viele gute Gespräche und ich schloss Freundschaften; bei Tee und Kuchen konnte ich meine Fragen stellen, und beim Tischtennisspielen tobte ich mich aus.

Anfangs dachte ich, das Evangelium irgendwie mit meinem esoterischen Weltbild verknüpfen zu können, doch lernte ich bald, dass die unsichtbare Welt nicht neutral ist. Es herrscht ein Kampf zwischen Licht und Finsternis, zwischen Satan und seinen Dämonen und Gott, und ich musste mich entscheiden, ob ich auf der Seite der Verlierer bleiben wollte oder mich dem Sieger zuwende. Das war für mich zuerst eine Kopfsache, weil für mich die Sinnsuche vor allem eine Suche nach Antworten war; es ging mir um die Erkenntnis der Wahrheit. Es dauerte, bis ich verstand, dass die Wahrheit Jesus Christus ist (Johannes 14,6), und ich stieß mich an dem exklusiven Anspruch des Wortes Gottes. Ich brachte auch meinen Bruder in die Jugendstunde, der sich ebenfalls sehr wohl fühlte.

Eines nachmittags im Frühsommer gingen mein Bruder und ich spazieren, und ich textete ihn förmlich zu in meiner Begeisterung von der Bibel und dem Herrn Jesus. Als er wieder zurück zum Rest der Familie ging, blieb ich auf einer Bank sitzen. Da war mir, als ob der Herr selbst mich fragte: *„Warum willst du deinen Bruder für etwas begeistern, wofür du dich selbst noch nicht entschieden hast?"* Das war der sanfte Tritt in den Hintern, den ich noch brauchte. Ich betete das erste Mal in meinem Leben *wirklich* zum Herrn und bat Ihn um die Vergebung meiner Sünden und dass Er mein Leben von nun an in die Hand nehmen möge. Tags darauf sog ich das Johannesevangelium auf wie ein trockener Schwamm das Wasser. Der Herr hat mich ergriffen! Das war am 27. Juni 1987; ich war damals 18 Jahre alt.

Nach ein paar glaubensstärkenden Erlebnissen in den Sommerferien ließ ich mich am 29. November desselben Jahres in dieser Gemeinde taufen. Das war eine Gemeinde mennonitischer Prägung, die in den 1970er Jahren von Abraham Neufeld gegründet wurde, jenem Abraham Neufeld, durch den auch meine evangelische Jungscharleiterin gläubig geworden war. Die Welt ist klein. Ich begann einen Bibelkreis zu besuchen und ließ seither (bis heute) kaum einen Gottesdienst aus. Die Taufe war für mich ein ganz entscheidender Punkt, denn hier begann ich zu verstehen, warum die evangelische Kirche so ist wie sie ist. Sie besteht zu einem überwiegenden Teil aus Menschen, die nie zum Glauben gekommen waren – und so leben diese auch. Hier war es anders. Die Gemeinde bestand durchwegs aus Gläubigen, die Freude und Liebe ausstrahlten. Ich identifizierte mich völlig mit dieser Gemeinde.

1989 gab es eine einwöchige Vortragsreihe zur Kirchengeschichte, wo besonders die Bewegung der Täufer vorgestellt wurde. Jetzt wusste ich, was Mennoniten sind: Als in der Schweiz 1525 junge Studenten und Mitarbeiter des Reformators Ulrich Zwingli die Kindertaufe in Frage stellten und begannen, sich untereinander auf den Glauben zu taufen, breitete sich die Bewegung rasend schnell im ganzen deutschsprachigen Raum aus. Sie verweigerten Eide und den Wehrdienst, begannen die Gütergemeinschaft zu praktizieren und wollten in allem „Kirche wie damals" sein. Ein Priester aus Friesland schloss sich 1535 der Bewegung an und sammelte die norddeutschen Täufer in Gemeinden, denen er eine Ordnung und Festigkeit in der Lehre verlieh. Sein Name war Menno Simons, und von ihm stammen die „Mennoniten" genannten Gemeinden. Der österreichische Flügel der Täufer, zu dem ich seit 2003 auch persönlichen Kontakt habe, sind die Hutterischen Brüder.

Leider verließ diese Gemeinde nach und nach ihr täuferisches Erbe und entwickelte sich zu einer klassischen Evangelikalen Freikirche, die vor allem in Fragen des Lebensstils große Abstriche machte. Heute ist sie ein Teil der staatlich anerkannten „Freikirchen in Österreich" und auf weniger als die Hälfte ihrer Mitglieder geschrumpft.

Bald nach den bewegenden Vorträgen las ich in einer Kommentarreihe aus den 1920er Jahren von der Kopfbedeckung der Frauen im Gottesdienst (1. Korintherbrief 11,2-16). Mir gefiel die geradlinige und nachvollziehbare Auslegung, und ich kopierte den Artikel für einen der Ältesten der Gemeinde mit der Frage: *„Warum wird das bei uns nicht praktiziert?"* Es ergab sich ein über Monate gehender freundlicher Briefwechsel, bei dem wir uns aber nicht einigen konnten. Ich habe die Gemeinde deshalb *nicht* verlassen, aber ich habe durchaus einen Weg begonnen. Ich lernte in der Auseinandersetzung mit diesem Thema mehr als ein halbes Dutzend verschiedener Auslegungen kennen, welche uns weismachen wollen, dass dieser Text der

Bibel für uns heute keine Bedeutung mehr habe. Dem steht eine durchgehende Praxis und Lehre gegenüber, welche von den Tagen der Apostel bis Mitte des 20. Jahrhunderts reicht, gemäß der die Frauen in allen Kirchen stets ihr Haupt bedeckten. Wissen wir heute, im 20. oder 21. Jahrhundert wirklich alles besser als die Christen in all den Jahrhunderten davor bis in die Frühzeit der Kirche?

Ich lernte in dieser Zeit die Brüdergemeinden kennen, die um 1830 in Plymouth ihren Anfang nahmen, die diese Praxis noch immer beibehielten und auch andere Praktiken hatten, welche mehr der Bibel entsprachen, als ich es in meiner Gemeinde kennengelernt hatte. Nach meiner Hochzeit übersiedelten wir in einen anderen Bezirk und schlossen uns dort einer Tochtergemeinde unserer Gemeinde an, die einige brüdergemeindliche Praktiken pflegte, aber nicht die Kopfbedeckung. Dort begann ich im Predigtdienst zu wachsen.

Meine Frau und ich entwickelten ein Interesse für das „Einfache Leben" und wir setzten uns mit den Amischen und den Hutterern auseinander. Das Internet zog in unseren Haushalt ein, und über eine Hutterische Webseite bekamen wir Kontakt zu einer Gemeinde in Kanada, mit der ich bis heute freundschaftlich verbunden bin. 2003 besuchten wir sie schließlich. Ich war sehr beeindruckt.

Mein Bruder kam mittlerweile durch die Mission der „Internationalen Gemeinde Christi" zum Glauben, was uns alle sehr freute. Durch ihn kam ich zu einem Buch, das sowohl meine Frau als auch mich fesselte: „Will the Real Heretics Please Stand Up". Darin stellt der Autor David Bercot die heutigen Evangelikalen der frühen Kirche bis etwa 200 gegenüber. Er selbst schloss sich nach langen Jahren der Suche schließlich der Täuferbewegung

an, weil er erkannte, dass diese Reformbewegung am konsequentesten umzusetzen versuchte, was „Kirche wie damals" ausmacht. Nicht, dass sie
perfekt wären, aber dass sie die richtige Richtung eingeschlagen haben und
nicht über die Generationen vom Zeitgeist der Moderne mitgerissen
wurden. Seit jener Zeit gehören die Schriften der frühen Kirche zu meinen
wichtigsten Quellen in der Bibelauslegung, die ich nicht mehr missen
möchte.

In den Jahren 2005/6 nahm ich eine CD mit den Märtyrerliedern der Täufer
auf, die seinerzeit sehr blutig verfolgt wurden, welche auch bei den Hutterern in Amerika und Kanada großen Anklang fand. Wir besuchten eine
zweite Hutterergemeinde in Minnesota (Elmendorf). Als der Gedanke
geboren wurde, in Europa eine solche Gemeinschaft zu beginnen, war ich
mit im Planungsteam, aber meine Frau wollte das nicht mittragen. Ihr
zuliebe trat ich aus dem Team aus, die Gemeinde wurde schließlich in
Australien gegründet. Ich denke, damals war in ihr bereits viel zerbrochen,
auch wenn sie es nicht nach außen zeigte. Meine Gedanken waren mehr
bei der Vision, die Gemeinde Gottes wieder aufleben zu lassen, als ihr die
volle Aufmerksamkeit zu schenken. Wir zogen in dieser Sache leider nicht
an einem Strang.

2007 schlossen wir uns der Gemeinde meines Bruders an. Der Haupt-
prediger Scott und ich wurden Freunde, und gemeinsam versuchten wir
die traditionell erstarrte Gemeinde durch eine Umstrukturierung auf ein
Hausgemeindemodell neu zu beleben. Das gelang erstaunlich gut, und
viele Geschwister engagierten sich in den Kleingruppen. Tragischerweise
kamen 2014 über zwei der jüngeren Brüder Sonderlehren in die Gemeinde,
welche diese schließlich an den Rand der Spaltung brachte. Das tat auch
mir nicht gut. Ich kämpfte sehr verbissen um die Linie der Gemeinde, hing

stundenlang am Telefon. Dann kam die Scheidung. Das waren die schwersten Zeiten in meinem Leben bisher. Ich habe die Gemeinde verlassen, um selbst zur Ruhe zu kommen und fand 2015 Anschluss an eine kleine Hausgemeinde. Meine beiden großen Kinder kamen mit mir. Wir mussten ausziehen und über einen Glaubensbruder fanden wir eine Wohnung mit sehr günstiger Miete, wo wir unser Leben neu aufbauen konnten. Hier begannen wir mit täglichen gemeinsamen Andachten.

In der Hausgemeinde praktizierten wir viel von dem, was mir aus der frühen Kirche wichtig war: Gemeinsame Mahlzeiten, ein ehrlicher geschwisterlicher Austausch, fallweise die Fußwaschung und die Frauen bedeckten ihr Haupt. Bald begannen wir die Frage zu bewegen, wie es wäre, gemeinsam ein Haus zu kaufen und eine Gemeinschaft zu gründen. Irgendwie war es schwer, die Frauen dazu zu begeistern, und ich habe bis heute keine Ahnung, warum diese Vision scheinbar gerade Frauen Mühe macht. Doch wir fingen an, Häuser zu suchen und anzuschauen. Das war immer sehr spannend, aber häufig auch ernüchternd. Entweder zu teuer, oder zu baufällig, oder zu weit weg von unseren Arbeitsplätzen (ich bin beruflich an Wien gebunden), oder ungünstig aufgeteilt.

2019 bot mir ein Bruder das Haus seiner Mutter an, die gerade verstorben war. Ich hatte selbst schon etwas den Mut verloren, fuhr aber mit ihm ins ferne Waldviertel (Niederösterreich). Ich war überrascht! Die Aufteilung war genial: sieben zentral begehbare Schlafzimmer, ideal für eine Wohngemeinschaft. Eine große Küche, in der bis zu 10 Personen essen können. Ein großes ehemaliges Geschäftslokal (60m²), welches sich bestens als Versammlungs- und Gemeinschaftsraum eignet, Magazinräume, ein trockener Gewölbekeller, eine große Terrasse, ein ziemlich neues Dach und ein weiterer Schuppen. Der Renovierungsaufwand war überschaubar und der Preis weit unter allen Angeboten, die wir bisher gesehen haben. Dazu liegt das Haus direkt am Hauptplatz, wo sich ein kleines Geschäft (hat mittlerweile geschlossen), zwei Wirtshäuser, das Gemeindeamt und ein Arzt mit Apotheke befinden. Wir mussten uns aber schnell entscheiden. Zwei Familien der Hausgemeinde wollten nicht mitziehen, u.a. weil es keinen Garten gibt. Doch ein älterer Bruder, meine beiden Kinder und ich wagten den Schritt. So habe ich zu Weihnachten 2019 die erste Nacht in unserem Gemeindehaus verbracht.

Soweit die Vorgeschichte unserer Gemeinde. Es wirkt teilweise wie das Bohren harter Bretter; es braucht Glauben, Geduld, Nachsicht (!) und eine klare Vision, sowie die tiefe Überzeugung, dass es Gottes Wille ist, Seine Gemeinde zu bauen. Dazu beruft Er Mitarbeiter. Es wäre schön, wenn die Ehefrauen hier ungeteilten Herzens mitziehen, aber man kann sie auch nicht zwingen. Doch was dann? Soll die Ehefrau die Richtung vorgeben, oder soll der Mann führen? Noch wichtiger: Soll der Herr das letzte Wort haben? Hier wird auf einmal schmerzhaft praktisch, was die christliche Ordnung von Mann und Frau bedeutet, und ich habe viele Tränen geweint. Man überliest es oft, was der Herr gesagt hat:

„Wenn jemand zu mir kommt und hasst nicht seinen Vater und seine Mutter, seine Frau und Kinder, Brüder und Schwestern, dazu aber auch sein eigenes Leben, so kann er nicht mein Jünger sein. Und wer nicht sein Kreuz trägt und mir nachkommt, der kann nicht mein Jünger sein." (Lukas 14,26-27).

Es geht nicht darum, die eigene Familie oder Frau buchstäblich zu hassen, aber diese werden es als Hass empfinden und es uns vorwerfen, wenn wir der Nachfolge Jesu den Vorrang vor ihren Wünschen, Bedürfnissen, Plänen und Zielen geben müssen. Viele, die sich im 16. Jahrhundert der

Täuferbewegung angeschlossen haben, mussten ihre Heimat verlassen, um zur Gemeinde zu gelangen. Oft ließen sie dabei Frau und Kinder zurück, die nicht mitkommen wollten, die den Glauben nicht teilten. Geht es um die „Kirche wie damals" geht es auch um den „Glauben wie damals". Das wird oft nicht verstanden. Die heutigen Kirchen erlauben ihren Mitgliedern nahezu unbeschränkte Freiheit in der Planung und Gestaltung ihres Lebens. Darum verfolgen die meisten durchwegs irdische Ziele und schmücken diese mit ein paar christlichen Elementen. Die Nachfolge Jesu aber führt in Seine Gemeinde, die Sein Leib und Seine Herde ist, die Ihm folgt, wo immer Er hingeht.

Auf einmal sah ich, dass auch die Aussagen des Herrn, alles zu verlassen, allem zu entsagen, ins Ungewisse hinein aufzubrechen, relevant werden.

„Da begann Petrus und sprach zu ihm: Siehe, wir haben alles verlassen und sind dir nachgefolgt! Jesus aber antwortete und sprach: Wahrlich, ich sage euch: Es ist niemand, der Haus oder Brüder oder Schwestern oder Vater oder Mutter oder Frau oder Kinder oder Äcker verlassen hat um meinetwillen und um des Evangeliums willen, der nicht hundertfältig empfängt, jetzt in dieser Zeit Häuser und Brüder und Schwestern und Mütter und Kinder und Äcker unter Verfolgungen, und in der zukünftigen Weltzeit ewiges Leben." (Markus 10,28-30).

Wir müssen also allen eigenen Plänen und Lebensentwürfen Adieu sagen, wenn wir Christus nachfolgen wollen. Es geht nicht anders, wenn wir das Evangelium unseres Herrn Jesus ernst nehmen. Das kann fürs erste sehr schmerzhaft sein, doch der Gewinn ist überströmende Freude in einem neuen Umfeld, welches uns das Reich Gottes sehen und schmecken lässt.

Von der ersten Überzeugung, dass das gemeinsame Leben Gottes Plan für die Gemeinde ist, bis zu den ersten Schritten in Krumau am Kamp, wo wir unser Haus gekauft haben, vergingen rund 15 Jahre. Es war keine verlorene Zeit, denn Gott arbeitete an mir und meinen Kindern, die in dieser Zeit zu einem gegründeten Glauben kamen. Der Zerbruch der Ehe ist auch mehr Segen als Schaden für mich gewesen, denn ich bin heute ein anderer Mensch als zuvor (das sind jetzt auch bald 10 Jahre); Christus ist mir näher gekommen, Er steht jetzt ganz im Zentrum meines Denkens, Redens, Fühlens und Wirkens. Durch das, was ich erlebt habe, kann ich Menschen in Krisen ganz anders begegnen, besser mitfühlen und konkreter beten, sowie besseren und verständnisvolleren Rat geben, als wäre ich in einer glücklichen und ungetrübten Ehe.

Kurz nachdem wir das Haus hatten, rief mich der Bruder, der uns damals in Wien die Wohnung vermietet hatte, verzweifelt an. In seiner Ehe ist etwas massiv schief gegangen und er musste die Wohnung verlassen. Wir nahmen ihn auf, und er verbrachte einige Wochen bei uns. In dieser Zeit gab es viele gute Gespräche (auch mit seiner Frau telefonierte ich mehrmals) und wir beteten. Am Ende kam es zu einer Versöhnung, und er konnte heimkehren. Preis dem Herrn!

Ich hatte in Wien bereits einen Straßenkünstler kennengelernt, der sich vor 40 Jahren bei den Baptisten taufen hat lassen, dessen Leben jedoch ziemlich aus dem Ruder gelaufen ist. Er ging dann in sein Heimatland zu seiner Jugendliebe zurück und träumte vom guten Leben. Er wachte unsanft auf, hat alles verloren und war obdachlos. Er rief mich von dort an und fragte, ob er bei uns wohnen kann. Für jemanden, der das freie und ungebundene Straßenleben verinnerlicht hat, ist eine Wohngemeinschaft fast wie ein Gefängnis. Er war so traurig, und es dauerte lange, bis er über den Schmerz hinweggekommen war. Heute fühlt er sich wohl und ist ein Teil der „Familie" geworden. Da er nicht wirklich arbeitsfähig ist, haben wir ihn bei der Krankenkassa angemeldet und er bekommt alles, was er braucht von uns.

Die Gütergemeinschaft, die wir derzeit praktizieren ist „offen", das heißt, jeder hat sein eigenes Einkommen und Konto und verfügt auch darüber, aber wir teilen, je nach Bedarf, miteinander, sodass niemand Mangel leiden muss. Keiner soll sich Sorgen machen, ob er die Miete zahlen kann, zu essen hat oder sich neue Schuhe kaufen kann.

Eine Frau aus dem Dorf ist auch zum Glauben gekommen und im Bade-teich im Ort getauft worden. Ihre Ehe war „schwierig", und schließlich hat ihr Mann sie verlassen. Doch mit ihrer Berufsunfähigkeitspension konnte sie eine Zeit lang ihr Haus nicht erhalten. Und so hielten wir auch hier zusammen und ergänzten, was fehlte, aus unserem gemeinsamen Über-fluss.

Nach knapp fünf Jahren hat sich das Gemeindeleben eingespielt. Wir halten täglich abends unsere gemeinsamen Mahlzeiten, gefolgt von der Abendandacht und haben einen längeren Gottesdienst mit Mittagessen am Sonntag.

Läuft immer alles perfekt? Nein. Wir sind Menschen, wir sind eine Familie Gottes, in der es zugeht wie in jeder anderen Familie. Aber es gibt Verge-bung, Liebe, Langmut und Freude.

Wird diese Gemeinde für immer bestehen? Nein, wahrscheinlich nicht, aber wir denken durchaus in Generationen. Gemeinde ist kein Selbst-zweck. Sie soll Christus und Sein Reich an dem Ort sichtbar machen, wo der Herr sie gepflanzt hat. Weichen wir davon ab, ist es besser, wir lösen uns auf, als dass wir ein lebloser steinerner Tempel werden, wie die anderen Kirchen es meistens sind, und dadurch ein falsches Zeugnis geben.

Die Gemeinde Christi wird nicht untergehen, sondern entsteht täglich neu an den verschiedensten Orten, wo Christen bereit werden, der Berufung Gottes zu folgen. Dann leuchtet für eine Zeit das Licht des Himmels an diesen Orten, bietet Gelegenheit, zum Herrn umzukehren und gerettet zu werden. Diese Gelegenheit gilt es, zu ergreifen.

Der Herr möge uns noch viele segensreiche Jahre schenken, um Seine Ehre und Seinen Namen groß zu machen in diesen letzten Tagen!